Inhaltsverzeichnis

Teil 1: Das Große und das Ganze:

Geboren im Karneval

Am 10. November 2009 nahm sich der frühere Fußballtorwart der Bundesligamannschaft von Hannover 96 im Rahmen einer schweren Depression das Leben. Ganz Deutschland war damals zutiefst erschüttert. Der befreundete katholische Diakon und Kabarettist Willibert Pauels, zu jener Zeit noch unter dem Künstlernamen „Ne Bergische Jung" als Büttenredner im Kölner Karneval aktiv, griff dieses tragische Ereignis sehr einfühlsam in einer Sitzungsrede auf. Er wollte damit auch zeigen, dass der Kölner Karneval noch eine ganz andere und sehr besinnliche Seite hat.

Vor großem Publikum sagte er damals: *„Wisst ihr, was mich am allermeisten bei dieser schlimmen Sache berührte? Das war, was die Frau Enke am Tag nach dem tragischen Tod ihres Mannes gemacht hat. Sie ist zu dem Grab ihrer kleinen Tochter Lara gegangen, die zweijährig verstorben ist und hat ein Schild auf das Grab gestellt mit nur DREI Worten: Und die drei Worte sagen alles! Sie hat darauf geschrieben: LARA, PAPA KOMMT!"*

Weiter führte er dann aus: *„Und das ist es: Wenn ich diese Sicht haben kann, dass kein Tod, keine Krankheit, keine Depression, kein Abgrund dieser Welt unsere Seelen zerstören kann; denn die sind GRÖßER ALS DAS GANZE UNIVERSUM!*

Willibert Pauels ist mit seiner Zustimmung Namensgeber des Titels zu diesem Buch. Und, wie ich finde, hat er uneingeschränkt Recht.

Unsere Welt ist großartig und tatsächlich wohl viel großartiger, als wir alle mit unserem kleinen Geist überhaupt vermuten können.

Viele in dieser Welt sind leider gar nicht bereit, das zu erkennen.

Im Jahr 1999 veröffentlichte ich mein erstes und sehr ausführliches Buch mit dem Titel *„Plädoyer für ein Leben nach dem Tod und eine etwas andere Sicht der Welt"*. [1]

Schon damals war für mich längst klar: Unser Weg „hier auf Erden" ist nur der Beginn und wohl auch nur ein kleiner Teil einer für jeden von uns sehr langen und trotz vieler Erkenntnisse und Einsichten unbekannten Reise. Jeder Einzelne von uns wird diesen Weg gehen dürfen – aber auch gehen müssen – und damit natürlich weit über das hinaus, was wir im „Hier und Jetzt" unseren „Tod" nennen.
Eine solche Vorstellung entsprach bereits 1999 nicht dem Stand der Wissenschaften, und sie tut es heute nicht minder. Auch heute darf sich oft der (vermeintlich) „aufgeklärte Mensch" einer solchen Überzeugung kaum anschließen, um nicht persönliche Nachteile – vor allem im Beruf – provozieren zu wollen.

Diesen heute immer noch aktuellen „Wissensstand" hatte ich schon früh sehr kritisch hinterfragt, und mein Fazit ist damals wie heute dasselbe: Die meisten kosmologischen und existenztheoretischen Erklärungen sind bei genauerem Hinsehen nicht sehr glaubwürdig.
Meist handelt es sich um Interpretationen von zwar tatsächlichen Beobachtungen, Messergebnissen und Phänomenen. Dann jedoch werden sie dem Zeitgeist entsprechend interpretiert. Darauf bauen wieder rein spekulative Denkmodelle auf, die dann ganz andere, aber wohl auch wahrhafte Beobachtungen und viele Phänomene schlichtweg ignorieren, weil sie dem Zeitgeist nicht entsprechen.
Heute, über zwanzig Jahre und zahlreiche Bücher später, ist meine in über 40 Jahren gewachsene Grundüberzeugung unverändert. Im Gegenteil, sie hat sich längst noch weiter verfestigt.

Wir alle sind praktisch wie kleine Ameisen, die sich in einem sehr eng begrenzten Teil der wahren Welt bewegen. Zwar scheinen wir mittlerweile mit einer aus unserer Sicht ansehnlichen geistigen

---

[1] siehe dazu auch meine aktuelle Bücherliste am Ende dieses Buches

Kompetenz ausgestattet zu sein. Doch leider verführt gerade sie viele nur zu pubertärer Arroganz und rückt sie so wieder mehr von der Wirklichkeit ab, anstatt dass sie sich ihr nähern. Deshalb wage ich hier einmal mehr ganz entschieden dagegen zu halten: *Es gibt keinen Tod, sondern nur Leben für einmal entstandenes Leben.*

Und über all dem steht eine für uns Menschen völlig unbegreifliche und sich für Jeden wohl auf ewig jeder Beschreibung entziehende, höhere „Einheit", die wir hier zum Beispiel schlicht „Gott" nennen. Wir können uns „ihm+ihr" nur ansatzweise und ein ganz klein wenig nähern. Doch das sollten wir auch tun; denn aus dieser Annäherung und den daraus wachsenden, klaren Überzeugungen ergibt sich für jeden Einzelnen bereits im „Hier und Jetzt" große Verantwortung, der es so früh und umfangreich wie möglich nachzukommen gilt. Wir alle müssen das jetzt lernen, jeder für sich, ganz individuell. Für jeden Einzelnen ist das also wichtig, worauf ich später noch mal zurückkommen werde. Der ein oder andere mag mich nun vielleicht in die Nähe purer Spinnerei rücken wollen. Das ist dann seine freie Entscheidung. Jeder soll und muss für sich selbst entscheiden, ob er das Lesen an dieser Stelle beenden will oder bereit ist, sich lieber heute dem zu öffnen, das ihn ohnehin irgendwann einholen wird.

In all diesen Ausführungen steckt wahrhaftige Religiosität. Mit den im Laufe der Menschheitsgeschichte entstandenen Religionen und Mythen und ihren darauf aufbauenden religiösen Institutionen und ihren nicht selten einschränkenden oder gar strafenden Idealen hat sie dagegen nur wenig gemein. Wahrhaftige Religiosität ist in ihrem eigentlichen Kern sehr befreiend, verlangt aber auch „Mitarbeit".

Was ist die Seele?

Die „Seele" entspricht dem altgriechischen Wort „Psyche". Danach kann sie als die Gesamtheit dessen, was das Fühlen, Empfinden und Denken eines Menschen ausmacht, verstanden werden. Damit ist sie nicht fixiert und wächst ohne Unterlass, wobei sie in jedem einzelnen Lebewesen individuell heranreift. Die Seele entspricht der Summe aller geistigen Eigenschaften und Persönlichkeitsmerkmale eines Menschen zu jedem beliebigen Zeitpunkt seines Lebens.

Nach heutigem Verständnis werden der Seele auch *transzendente* Elemente zugesprochen. So gilt sie als der substanz- und körperlose Teil des Menschen, der nach zahlreichen religiösen Glaubensvorstellungen auch nach dem Tod weiterlebt, also unsterblich ist. Die alten Griechen sahen in ihr noch keine transzendenten Elemente.

Manche religiösen und philosophischen Konzepte sehen in der Seele also ein „immaterielles" (geistiges) Prinzip, das auch als Träger des eigentlichen Lebens eines Individuums und seiner lebenslang beständigen Identität aufgefasst wird.

Andere Konzepte gehen davon aus, dass die Seele sogar bereits vor dem Leben eines Individuums existierte, ein „lebendes Wesen" also nur eine Art temporäre Manifestation dieser Seele sei. Der Tod gilt für sie als Vorgang der Trennung einer Seele von dem von ihr bis dahin „bewohnten" Körper mit dem Ziel, nach einer „Verweildauer" in einen neuen anderen, wieder leiblichen Körper zurückzukehren (Reinkarnationsglaube; dazu später mehr).

Durch Grabbeigaben, Bestattungsriten sowie zahlreiche Wand- und Höhlenmalereien lässt sich heute wohl recht sicher sagen, dass der Mensch seit Menschengedenken immer schon von *„drei Kernthesen"* überzeugt war. Ich glaube, sie gehören auch zu den Grundlagen der Menschwerdung, so wie die Erkenntnis (hebräisch: *„Tardemah"*) von der menschlichen Fortpflanzung, verunstaltet als Erschaffung von Eva aus Adams Rippe (Altes Testament, Gen 2).[2]

Diese drei Kernthesen sind wohl zugleich die entscheidenden „drei Nenner" sämtlicher Religionen und Mythen. Auf ihnen bauen alle in irgendeiner Weise auf, auch wenn die jeweiligen Interpretationen

---

[2] Die Erkenntnis von der menschlichen Fortpflanzung scheint die eigentliche Bedeutung der Geschichte um Adams „Rippe" zu sein. Das hebräische Wort „zelo" heißt vor allem „Bogen", früher eine Umschreibung des schamhaft verschwiegenen Wortes „Penis"..

und sich darum rankenden Erzählungen, Geschichten und Legenden sehr vielfältig sind. Ohne diese „drei Nenner" wären alle Religionen und Mythen *wertlos*. Das gilt besonders für den dritten Punkt:

1) Es gibt eine uns Menschen in allen Belangen überlegene Existenz. Wir können sie in keinster Weise auch nur annähernd beschreiben. Manche sprechen dann von einer „Schöpfungsmacht" (vgl. Bibel, AT, Genesis 1, hebräisch *„Elohim"*) oder nur von der „Schöpfung". Andere wiederum sprechen von einer „Göttlichen Dimension" mit in früheren Traditionen breit gefächerten Gottheiten oder Göttern. In den jüngeren monotheistischen Religionen spricht man von „Gott", bzw. „Allah". Auch ich bevorzuge diese „singulären" Formulierungen, da es sich aus unserer Perspektive um eine höhere und gänzlich unbeschreibliche *„Einheit"* handeln muss. Was hinter ihr steckt, entzieht sich uns jeder Beschreibung und Erkenntnis.
Auch wenn der aktuelle Zeitgeist solche Vorstellungen strikt ablehnt und zurückweist; Sie sind mit der Menschwerdung unmittelbar verwurzelt. Und ich glaube, dass damit der frühe Mensch näher an der Wahrheit lag als viele heute, der vermeintlich aufgeklärten Zeit.

2) Es gibt eine von uns und an uns wahrnehmbare, zweite Realität. Sie ist auch erfahrbar, jedoch nicht „sinnlich"; denn sie ist nicht materieller Natur. Aus unserer Perspektive ist sie „immateriell" und so auch Basis für den Glauben an eine menschliche „Seele".
Diese zweite Realität kann man auch als „Geistebene", „Land der Seelen" oder, allgemein, als „geistige Dimension" bezeichnen. Jeder Mensch ist schon zu Lebzeiten Teil *beider* Dimensionen. Mit seinem „körperlichen Tod" bleibt er dieser zweiten Ebene „erhalten".

3) Daraus ergibt sich dann zwingend der dritte Kern dieser tiefen Überzeugungen seit Anbeginn der Menschheit: Der Tod eines jeden Menschen kann nur körperlicher Natur sein. Die Seele überlebt ihn unmittelbar. Erst im Laufe der Zeit „modellieren" die aufkeimenden Religionen daraus die verschiedensten „Überlebensmodelle".

Neuere Experimente lassen eindeutig darauf schließen, dass der Glaube an das Überleben des Todes – in welcher Form auch immer – dem Menschen sogar von Grund auf schon eigen zu sein scheint:
Im Jahr 2008 führte der US-amerikanische Psychologe *Jesse Bering* an der *Belfast University in Irland* Grundschülern ein Theaterstück vor, in dem eine Maus von einem Krokodil gefressen wird. Anschließend befragte er die Kinder nach dem Schicksal der Maus. Sie waren alle der Ansicht, dass mit dem Tod zwar die körperlichen Funktionen der Maus erloschen seien. Doch ebenso waren sie sich sicher, ihre Seele existiere weiter.
Diese Antwort gaben die Schüler bis zum Alter von etwa 12 Jahren, und zwar ganz unabhängig davon, ob sie in einem gläubigen Elternhaus aufgewachsen waren oder nicht.
Andere Forscher an der US-amerikanischen Universität Minnesota hatten schon 1999 bei Vergleichen von 104 zweieiigen und 169 eineiigen Zwillingen festgestellt, dass – ähnlich wie die Intelligenz und musikalische Fähigkeiten – auch Religiosität eine „genetische" Anlage unabhängig von Milieu, Erziehung und Kultur haben dürfte. Tatsächlich gibt es aber wohl kein „Gen" dafür, selbst wenn manche Zeitgenossen das behaupten. Diese Anlage ist nicht biochemischer Natur. Man spricht hier dann von „epigenetischen Einflüssen", ohne jedoch genau zu wissen, was man damit eigentlich meint.

Der aktuelle Zeitgeist spricht eben eine ganz andere Sprache:
Über die Leitmedien wird in der Regel verbreitet, dass tatsächlich nur Materie auch real existieren könne. Wir sprechen deshalb vom Zeitalter des Materialismus oder Naturalismus. Weil sich alles auf das Materielle *reduzieren* lassen soll, spricht man hier auch von Reduktionismus. Bloße „Information" oder, ganz allgemein, alles „Informationelle", existiere natürlich auch, allerdings nicht real, sondern bloß in „unserem Kopf" (also im Gehirn) und somit nur dann, wenn es an Materie gebunden ist.
Folglich ist man heute allgemein fest davon überzeugt, dass „unser Geist" nur ein „Produkt" unseres Gehirns ist. Philosophen sprechen in diesem Zusammenhang auch von „Epiphänomenen".

Damit aber existiere natürlich auch die Seele nur solange, wie der Körper, bzw. sein Gehirn, als materieller Träger der Seele lebt. Stirbt ein Mensch (oder auch ein Tier), so könne auch seine Seele nicht mehr existieren. Gefährlich werden solche Vorstellungen in meinen Augen dann, wenn einige Zeitgenossen deshalb eine Verbindung zwischen dem menschlichen Gehirn und technischen Geräten, zum Beispiel mit modernen Computern, herstellen wollen und dann der Meinung sind, durch Übertragung eines hirngebundenen Geistes auf eine Maschine lasse sich „ewiges Leben" erreichen. Sie glauben, dass so mithilfe von „Künstlicher Intelligenz" (KI) neue und in einer vom Menschen betriebenen „Evolution" fortgeschrittene Wesen geschaffen werden könnten, für die es vielleicht auch keinen Tod mehr gäbe. Der Begriff „Transhumanismus" geistert längst durch die Medien; denn Hirn und Maschine würden so gekoppelt. Diese Entwicklung hätte wohl auch zufolge, dass manche Menschen, bzw. ihre „transhumanistischen Avatare", von einigen wenigen, die sich selbst gerne als Eliten bezeichnen, gelenkt und sogar gezielt für ihre Bedürfnisse gesteuert werden könnten. Derart schreckliche Modelle scheinen gerade auch im Rahmen der weltweiten Virusverbreitung „Covid-19" für einige „en vogue" zu sein. Tatsächlich scheinen sich im Jahr 2020 bereits zahlreiche „politischen Intentionen" von einer medizinisch plausiblen Basis dieser Pandemie entfernt zu haben.[3]

Rein naturalistische Überzeugungen gelten selbstverständlich auch in Bezug auf alle Fragen nach einer uns übergeordneten, für uns in jeder Hinsicht unbeschreiblichen, höheren Einheit und Ebene, die man etwa im Christentum „Gott" und im Islam „Allah" nennt.
So „belehrte" uns das deutsche Magazin „Der Spiegel" einmal mehr in Heft 24 vom 07.06.2014 mit dem ausführlichen Titelbeitrag „Das unsterbliche Gerücht", dass es einen „Gott" natürlich nicht gäbe.

---

[3] siehe auch das im Juli 2020 erschienene Buch von Klaus Schwab, „The Great Reset" oder deutsch: „Covid-19: Der große Umbruch". Prof. Schwab ist Begründer des Weltwirtschaftsforums WEF, das jährlich mit namhafter politischer Beteiligung sowie zahlreichen Lenkern großer Wirtschaftskonzerne im Schweizer Ort Davos stattfindet.

Schon der Gedanke daran sei naiv und passe nicht mehr in unser Zeitalter aufgeklärter Wissenschaft. So war auch das Cover dieser Ausgabe entsprechend ironisch gestaltet: „Ist da jemand?" hieß es, untertitelt mit „Die Zukunft der Religion: Glaube ohne Gott".

Für viele sind die Beiträge solcher Magazine regelrechte „Dogmen", weil sie angeblich auf wissenschaftlichen Erkenntnissen beruhten. Vielen Zeitgenossen ist solche „Nibelungentreue" selbst dann noch eigen, wenn sich später sogar zahlreiche Leitartikel als erlogen, bzw. als ganz oder in großen Teilen frei erfunden, herausstellten.[4]

In einer TV-Sendung von *(Gert) Scobel* auf 3SAT im Jahr 2008 wies der damalige Plasmaphysiker am Max-Planck-Institut in Garching bei München, *Professor Günter Hasinger*, explizit darauf hin, dass es tatsächlich *„ein Dilemma in der Physik"* gäbe; denn ein Gesetz in der Natur besage, dass für alles Materielle die Ordnung immer geringer und die Unordnung (≈ Entropie) dagegen immer größer werde.

Einzelne herausragende Punkte wie zum Beispiel unser Gehirn würden jedoch zugleich zeigen, dass die „Information" oder, wieder ganz allgemein, alles „Informationelle", immer weiter anwachse.

Man kann also leicht erkennen, dass es in der Welt zwei Seiten ein und derselben Medaille geben muss, die zueinander spiegelbildlich und zugleich gegensätzlich sind. Ich nenne sie „polar-symmetrisch".

Schon die alten Chinesen *Laotse* und *Konfuzius* haben das vor etwa 2500 Jahren als allgemein gültiges Gesetz der Natur erkannt und mit dem Symbol des *Yin und Yang* unvergleichlich treffend beschrieben (s. Abb. 1).

Abb. 1: Yin und Yang

---

[4] Beispielhaft hierfür ist in jüngerer Zeit die Affäre mit dem Journalisten Claas Relotius zu erwähnen, der vor allem für „Der Spiegel" tätig war. Im Dezember 2018 wurde aufgedeckt, dass viele seiner sehr beachteten Artikel für das Magazin ganz oder in großen Teilen frei erfunden waren.

Bei allen endlichen, d.h. physikalischen oder materiellen Körpern im ganzen Universum nimmt die *Unordnung stetig* zu: So entstehen Sonnen und Planeten, wachsen im Laufe von Millionen oder gar Milliarden Jahren heran bis zu ihrem Zenit, bevor sie dann, weitere Millionen oder gar Milliarden Jahre später, wieder untergehen und zerfallen. Dieser kreisförmige *(zyklische)* Verlauf trifft auf alles zu.

Auch wir werden einmal geboren, wachsen heran und sind nach etwa 20 Jahren erwachsen. Doch so ab dem 30. Lebensjahr baut der menschliche Körper wieder gnadenlos ab und strebt nach einem *zyklischen* Verlauf seinem körperlichen Tod entgegen. Alles in der Physik unterliegt dieser wachsenden Unordnung, der *Entropie*.

Hierzu gibt es jedoch – genauso konsequent – ein Gegenstück:
Alle *Information* nimmt stetig zu. Alles „*Informationelle*" hat einen geraden *(linearen)* und aufstrebenden Verlauf. Das führt zwingend zu der Frage, ob, und ggf. wie kann das, was bis zum körperlichen Tod eines Menschen immer nur weiter wächst und sich vermehrt – d.h. sein „informationeller Kern", seine eigentliche „Persönlichkeit" oder seine stetig „heranreifende Seele" – selbst dann noch weiter existieren, wenn sein Körper – und so auch sein Gehirn – zerfällt?
Sind also Informationen, ist all das „Informationelle" in dieser Welt, vielleicht genau so „*real existent*" wie alle menschlichen Körper, alle Planeten oder Sonnen im ganzen Universum, eben wie „Materie"?
Und ist all das „Informationelle", sind Informationen vielleicht sogar die „eigentliche Realität hinter der Realität des Materiellen"?
Dann sollte man genauso fragen, wie man sich einer plausiblen und fundierten Antwort auf diese Fragen am besten nähern könnte.
Der erste Teil des Buches, „Das Große und das Ganze" zeigt dazu die wesentlichen Grundlagen und Zusammenhänge auf und gibt eine klare Antwort auf die Frage, was denn überhaupt „größer als das ganze Universum" sein könnte? Alle Vorstellungen werden dann im zweiten Teil, „Einsichten und Hintergründe", noch einmal vertieft und in einzelnen Zusammenhängen verdeutlicht.

Subjektive Annäherungen

Seit Ende der 1970er Jahre beschäftige ich mich mit dem Thema Tod und der jeden Menschen irgendwann einmal ganz sicher stark beschäftigenden Frage, gibt es vielleicht ein *„Danach"*?

Während ich früher auch einmal eindeutig ein „Saulus" war, also jemand, der so etwas als naiv ablehnte und abtat wie immer noch der moderne Zeitgeist, so bin ich inzwischen längst ein „Paulus".

Heute bin ich von einem solchen „Danach" grundsätzlich überzeugt und halte es nicht nur für gegeben, sondern sogar für notwendig.

Viele Menschen machen im Laufe ihres Lebens – bedingt durch die unterschiedlichsten Umstände und Situationen – ganz besondere Erfahrungen, die, wie sie dann oft sagen, „nicht mit rechten Dingen zu tun" haben konnten. Für diese Erlebnisse habe ich einmal den Begriff *„Außerkörperliche Bewusstseinserfahrungen"*, kurz *ABE*, geprägt. Auch ich habe einige solcher Erfahrungen machen dürfen, und manche von ihnen waren nicht nur einfach beglückend. Es gab auch Fälle, in denen sie hilfreich und für mein weiteres Leben von sehr großer Bedeutung waren. Daneben gab es Fälle, die ich besser beachtet hätte – so hätte ich schlimme Entwicklungen vermieden.

Zumeist handelt es sich bei ABE um rein subjektive Erlebnisse mit *nicht eindeutig kausalen* Zusammenhängen. Man spricht dann von zufälligen Parallelereignissen, sogenannten *Koinzidenzen*. Dies ist auch selten von der Hand zu weisen, da nur in sehr wenigen Fällen Kausalitäten zweifelsfrei nachweisbar sein dürften. Dennoch scheint es sie zu geben – und dann sollte man dem vielleicht nachgehen und nicht nur einfach notorisch ignorieren, wie es zumeist passiert.

ABE sind wohl viel häufiger, als viele glauben mögen. Manchen Schätzungen zufolge scheint ein Fünftel bis sogar ein Viertel aller Menschen solche Erfahrungen im Laufe ihres Lebens zu machen.

Die meisten ignorieren sie, tun sie als Zufall ab und vermeiden es auch tunlichst, darüber zu sprechen, ja nicht einmal mit Freunden und Partnern. Zu schnell, so glaubt man vermutlich nicht ganz zu Unrecht, wird man zumindest „schief angesehen" oder sogar für psychisch krank gehalten, da man ja scheinbar halluziniere.

13

Die bekanntesten und heute auch am besten untersuchten ABE sind „Nahtoderfahrungen (NTE)". Viel häufiger jedoch sind so genannte „Nachtodkontakte (NTK)" – eine an sich unglückliche Bezeichnung: Bei NTE machen Menschen spirituelle Erfahrungen am Rande ihres eigenen, womöglich kurz bevorstehenden Todes, etwa an einem Unfallort oder, heutzutage häufiger, auf einem OP-Tisch liegend während eines meist schweren Eingriffs mit Komplikationen.
NTK treten dagegen bei sehr vielen Menschen in oft zeitlicher Nähe zum Tod eines liebenden Angehörigen, Partners oder Freundes auf. Nicht selten treten sie sogar erst viele Monate danach auf. Mit sich weiter vergrößerndem Abstand dazu nehmen NTK dann rasch ab.[5]

Bei NTE werden für ihr Auftreten zumeist Halluzinationen, Sauerstoffmangel sowie körpereigene Opiate oder von außen zugeführte Medikamente verantwortlich gemacht. Nun sind NTE nicht Thema dieses Buches. Doch alle diese Argumente können NTE bestenfalls in Teilen, und dann auch nur immer unvollständig, erklären. Viele Inhalte, wie z.B. universelle Muster und besonders außerkörperliche Begegnungen (OBE) mit längst verstorbenen Menschen, entziehen sich jedoch allen Erklärungsversuchen. Das gilt vor allem auch für manche, oft entscheidende Veränderung im späteren individuellen Lebenswandel der Betroffenen (oder besser: Beschenkten).
Ein ganz wesentlicher Aspekt betrifft aber sowohl NTE, als auch NTK und viele andere ABE: Beschäftigt man sich intensiv mit solchen Erfahrungen, dann wird man ab und zu immer wieder auf Personen treffen, bei denen das Erlebte gänzlich außerhalb ihrer jeweils möglichen Erfahrungshorizonte während der Zeit ihrer Erfahrung lag. Anders gesagt: Das, was man erlebt und erfahren hat, konnte man in diesem Moment gar nicht erleben und erfahren. Schließlich befand man sich etwa auf einem OP-Tisch unter Vollnarkose und konnte so keine Vorgänge um sich herum sehen. Doch sie fanden im selben Raum statt, nachprüfbar (verifizierbar) genau zu dieser Zeit – oder in einigen Fällen sogar außerhalb des OP-Saales.

---

[5] siehe auch: Elsaesser, Evelyn, „Nachtod Kontakte", Neuauflage Crotona (2020)

Solche Momente machen derartige Themen sehr spannend und werden trotz vielfacher späterer Verifizierung und Objektivierung von zahlreichen Skeptikern weiterhin gerne vorsätzlich ignoriert.

Insofern bieten NTE und NTK sowie andere Momente spiritueller Erfahrungen nicht nur einen riesigen Fundus zumeist auch ernst zu nehmender Anekdoten, die sich inhaltlich sehr oft und sehr stark in ihren grundsätzlichen Mustern und Abläufen ähneln.
Nein, sie zeigen darüber hinaus noch zahlreiche Situationen auf, bei denen es ganz offensichtlich später sogar möglich wurde, objektive Nachweise für das zuvor Erlebte zu erbringen.
Deshalb bietet selbst schon eine Annäherung über derart subjektive Erfahrungsmuster viele nützliche und hilfreiche Argumente für die Annahme, dass Informationen oder, allgemein, das Informationelle schlechthin, nicht zwingend an physikalische Körper, wie wir sie kennen und mit unseren Sinnen wahrnehmen, gebunden sein muss.
Allerdings reicht diese rein „subjektive Näherung" allein natürlich noch nicht für eine im mehr "wissenschaftlichen Sinn" schlüssige Beweisführung aus.

Objektive Annäherungsversuche

Zunächst stellt sich die Frage, ob die „Seele" eines Menschen (oder die eines Tieres; denn auch sie sind ja „informationell wachsende Wesen"), die nach meiner Definition die ganze Persönlichkeit eines Menschen zum Zeitpunkt seines Todes repräsentiert, im Moment des Todes überhaupt als „körperlos" gedacht werden muss?
In der Esoterik findet man den Begriff „feinstofflicher Körper". Jeder Physiker wird zwar nun seine Augen verdrehen, aber ist das wirklich berechtigt? Ich werde darauf später zurückkommen.
Jetzt spekuliere ich erst einmal, dass es genau so sei: Die „Seele" des soeben verstorbenen Wesens sei im Tod nicht völlig körperlos; Vielmehr besitze sie eine Art „feinstofflichen Körper".

Zahlreiche Menschen, die in Todesnähe eine NTE machen (dürfen)[6], sehen sich während dieses Erlebnisses vielleicht am Unfallort oder auf einem OP-Tisch liegen. Oft können sie danach sehr genau beschreiben, was mit ihnen und um sie herum in dieser oft kurzen Zeit passierte. Zumeist geben sie sogar an, niemals zuvor so klar und orientiert gewesen zu sein wie in dieser Situation.

Und sie sagen, dass sie sich dabei ohne Abstriche als „vollständig" empfunden haben. Es verwirrte sie natürlich, dass „dort" ja ihr kaputter Körper lag, den man gerade wiederzubeleben versuchte. Und doch waren sie nach eigenen Aussagen dasselbe „Ich" wie schon zuvor und schienen sogar denselben „Körper" zu haben, was ja wiederum kaum so sein konnte. Allein daraus lässt sich vermuten, dass unsere „hiesige" (sinnliche) Wahrnehmung materieller Körper ebenfalls recht selektiv und einseitig sein könnte.

<u>Drei Beispiele mögen das ein wenig näherbringen:</u>

1) Betrachten wir eine Raupe und einen Schmetterling. Die Raupe ist ein (im Wesentlichen) auf eine Zweidimensionalität in der Welt beschränktes und abgestimmtes Wesen, auch wenn sie an Pflanzen in die Dreidimensionalität des Raumes hochkriechen kann. Dennoch dürfte sie keine „Vorstellung" von der Dreidimensionalität des uns bekannten Raumes bekommen: Auch ihr „Hochklettern" bleibt eine Form zweidimensionalen Vorgehens – natürlich hier unterstellt, „ihr Geist" wäre dazu überhaupt theoretisch in der Lage.

Irgendwann einmal wird die Raupe zum Schmetterling.

Fortan wird sie die Dreidimensionalität des Raumes mit allen neuen Möglichkeiten erfahren können und zugleich von Raupen keinerlei Notiz mehr nehmen. Unterstellen wir einmal, sie könnte das alles mit einer Art „rudimentären Bewusstseins" so wahrnehmen: Sicher wird ihr dennoch jede „Erinnerung" an das vorherige Raupenleben und die damit verbundene relative Beschränktheit in der früheren

---

[6] Der von mir sehr geschätzte Gründer und langjährige Präsident des deutschen Netzwerks Nahtoderfahrung (N.NTE), Alois Serwaty, selbst auch NTE-ler, sprach von „Beschenkten"

Zweidimensionalität fehlen. Genauso wenig wird auch eine Raupe den Schmetterling „erkennen und erfahren", da er ja nun in die Dreidimensionalität des Raumes entflieht. Diese neue Dimension fehlt der Raupe noch völlig in ihrem „Erkenntnishorizont".

In übertragener Weise könnten wir uns denken, dass es im Tod zu einem unmittelbaren Dimensionswechsel der „Seele" kommt. Es ist das Ergebnis des Wachstums der menschlichen Persönlichkeit bis zu diesem Moment „Tod". In einigen Fällen mag ein solcher Wechsel dem Verstorbenen erlauben, noch Blicke auf die „Dimensionalität seines bisherigen Lebens" zu werfen; denn er ist im Gegensatz zum Schmetterling geistig viel höher entwickelt und zur Selbstreflektion fähig. Seinen Hinterbliebenen aber müssen solche Blicke verwehrt bleiben, weil ihnen diese neue Dimension gar nicht bekannt ist. Sie können sie auch nicht erkennen, da sie an Sinneswahrnehmungen gebunden sind.

2) Auf ganz andere Weise unsichtbar und dennoch schon immer real existent sind kleinste Krankheitserreger. Vor 150 Jahren hatte man von ihnen noch keinen blassen Schimmer. Man wusste nicht, warum manche Menschen an Pest oder Pocken, Tuberkulose oder Diphtherie, Milzbrand oder Wundstarrkrampf erkrankten.

So fürchteten sich noch im 17. und 18. Jahrhundert die meisten Menschen vor Wasser, weil sie Wasser für schwere Krankheiten verantwortlich machten. In demselben Maße stiegen dann der Parfüm- und Puderkonsum drastisch an.

Heute haben wir urplötzlich „Corona". Die ganze Welt spielt auf einmal - und leider nicht immer medizinisch fundiert – verrückt.

Es scheint mittlerweile fast so, als sei ein neuer Krieg ausgebrochen. Sogar Grenzen werden geschlossen. Unnötige Ausgangssperren und Versammlungsverbote sind das Ergebnis aktionistischen Handelns mancher Politiker. Hamsterkäufe greifen um sich, die Regale in den Supermärkten sind manchmal leergefegt. Der Gegner ist unsichtbar. Keiner sieht diese Viren, aber jeder fürchtet sich vor ihnen.

Klar ist natürlich, dass sie bei einigen Menschen zu sehr schweren Erkrankungen führen. In einem jedoch nur kleinen Prozentsatz und zumeist bei alten und schwer vorgeschädigten Menschen führen diese auch zum Tod. Viele Menschen geraten inzwischen in große Panik, die von einigen führenden Medien leider nach Kräften und nicht selten überzogen geschürt wird. Die Erreger entziehen sich fast jeder Form der sinnlichen Wahrnehmung und lassen sich nur biochemisch nachweisen. Tatsache ist also, da existieren Wesen, die plötzlich der ganzen Welt schwerste Probleme bereiten. Im Grunde sind sie jedoch nur ein „Hauch von Nichts". ·

Wir alle sind das im Übrigen auch, streng materiell betrachtet.

Ich werde darauf später zurückkommen.

3) Noch vor etwa 150 Jahren kannte man nur „sichtbares Licht" als „physikalische Strahlung". Dennoch wurde schon damals die Physik von manchem Zeitgenossen als „abgeschlossen und ausgeforscht" betrachtet. So riet genau deshalb im Jahr 1874 der Physiker *Philipp von Jolly (1809-1884)* seinem später berühmten Schüler *Max Planck (1858-1947)* dringend davon ab, Physik zu studieren. Jeder weiß heute, dass Max Planck sogar der Begründer eines ganz neuen und ungeahnt wichtigen Bereiches in der Physik werden sollte, dem der „Quantenphysik", und dafür mit dem Nobelpreis geehrt wurde.

Betrachtet man das mittlerweile bekannte Strahlungsspektrum, so stellt man fest, dass es riesig groß ist und darin das „sichtbare Licht" zwischen 400 und 800 nm nur einen winzig kleinen Teil einnimmt. Jenseits des Spektrums des „blauen Lichtes" liegen zum Beispiel die UV-Strahlung, etwa die der Sonne, alle Röntgenstrahlen sowie die Gamma- und Höhenstrahlung. Jenseits des Spektrums des „roten Lichtes" findet man z.B. die Infrarotstrahlung, alle Radiowellen, Fernsehwellen und die Wechselströme. Sie alle sind *real existent*.

Und auch wenn es keine Radio- oder Fernsehgeräte gäbe (bzw. man sie früher ja gar nicht kannte), so gäbe es dennoch diese Strahlen. Nicht einmal heute könnte man sicher behaupten, das gesamte physikalische Strahlenspektrum abschließend zu kennen.

Wenn wir also mit unseren Sinnen manches nicht wahrnehmen, dann heißt das keineswegs, dass es nicht doch *real* existieren kann. Unsere Sinne sind im Laufe unserer Evolution stets so aufeinander abgestimmt worden, dass sie nur das wahrnehmen, was für unser Alltags-Leben und zu unserem Überleben nötig ist.
Für Radiowellen oder Röntgenstrahlen war es niemals notwendig, „Empfangsgeräte", d.h. entsprechend adaptierte Sinne, zu schaffen.

Könnte es also nicht sein, dass es noch unbekannte Dimensionen und Spektren gibt, die es erst einmal noch zu entdecken gilt?
Vielleicht gibt es eine Welt – oder gar Welten – die selbst die Physik weder „greifen" noch „begreifen" kann, die aber dennoch ganz *real* existiert (existieren) und von der sogar die „Physik" wie kaum eine andere Welt seit jeher lebt und sich sogar erst formt?

Geheimnisvolle Mathematik

Schon immer suchte der Mensch nach allgemeingültigen Regeln zur Beschreibung der Welt. In Jahrtausenden hat er auch erkannt, dass besonders die Mathematik ihm dabei helfen kann. Sie beschreibt die Welt so exakt und vorhersehbar wie keine andere Wissenschaft. Damit stellt sich natürlich unmittelbar die Frage, ob nicht vielleicht sogar die Mathematik die eigentliche Grundlage dieser Welt ist oder, anders formuliert, ob sie in unserer Welt *real existiert* und damit den idealen *„Roten Faden"* liefert, um die Welt zu begreifen? Genau davon bin ich längst überzeugt.

Von dem griechischen Philosophen und Universalgelehrten der Spätantike *Proklos (412-485)* stammt die Theorie der *Emanation*.
Danach baut sich die ganze Vielfalt der Welt stufenweise aus einer umfassenden, aber zunächst undifferenzierten Einheit auf, die als Ursprung von allem gilt. In den Zahlen sah Proklos den Schlüssel zur Erkenntnis von Natur und der Weltseele. Damit beeinflusste er im ausgehenden Mittelalter stark den deutschen Naturphilosophen

Johannes Kepler (1571-1630). Kepler sah in der Zahl „3" die vollkommenste Zahl[7] der „Göttlichen Schöpfung", andere in der „4".

Mathematik ist die Basis aller Algorithmen der Computersysteme. Fernbedienungen, Mobiltelefone, GPS-Navigationssysteme u.v.m. kommunizieren miteinander oder mit anderen Endgeräten mittels unsichtbarer elektromagnetischer Wellen.

Der US-amerikanische Physiker *Eugene Paul Wigner (1902-1995)* entdeckte fundamentale Symmetrie-Prinzipien in der Elementarphysik, wofür er 1963 den Physiknobelpreis bekam. Er sagte einmal, *„die enorme Nützlichkeit der Mathematik in der Physik grenzt ans Mysteriöse, und es gibt dafür keine rationale Erklärung"*.

Der israelische Astrophysiker *Mario Livio* ist fasziniert von der tiefen Verbindung zwischen Mathematik und der physikalischen Welt.

Er verweist zum Beispiel auf die starke Verbreitung der *Fibonacci-Zahlen* in allen Bereichen der Natur. Der Name stammt von dem italienischen Mathematiker *Leonardo da Pisa (1170-1240),* genannt *Fibonacci.* Die von ihm entdeckte einfache Zahlenfolge entwickelte er über ein Gedankenspiel, bei dem sich zwei Hasen und ihre Nachkommen monatlich in immer gleicher Weise vermehren: Es entsteht die Folge 1,1,2,3,5,8,13,21,34 u.s.w.: Werden die beiden jeweils letzten Zahlen addiert, ergibt sich die nächste Zahl. Dividiert man die beiden jeweils letzten Zahlen miteinander, dann nähert man sich immer mehr der unendlichen Zahlenfolge des *„Goldenen Schnitts" (6-1-8).* Praktisch alles in unserer Welt, was sich als *optimal* erweist, ist durch den „Goldenen Schnitt" und so durch die „Fibonaccizahlen" gekennzeichnet.

Zum Beispiel ordnen sich Schneckenwindungen genauso nach dem Goldenen Schnitt wie die Spiralwindungen eines Hurrikans über der Karibik oder die Spiralarme unserer Milchstraße.

---

[7] Nicht zu verwechseln mit einer „vollkommenen Zahl" in der Mathematik, die gleich der Summe aller ihrer (positiven) Teiler ist. Beispiel: 6 hat die Teiler 1, 2 und 3 (und natürlich 6). Deren Summe ergibt 6. Die nächste vollkommene Zahl ist danach 28, da sie die Teiler 1,2,4,7 und 14 hat, deren Summe 28 ergibt, etc.

Der Berliner Mathematiker und Präsident der FU Berlin *Prof. Dr. Günter Ziegler* meinte 2020 in einem TV-Beitrag[8] zu den vielen Mustern, die offensichtlich allen Erscheinungen der physikalischen Welt zugrunde liegen: *„Dieses Phänomen, dass wir im ganz Kleinen und im ganz Großen und quer durch die Natur immer wieder dieselben Formen finden, ist ja nicht erklärt".*

Mathematik steckt in der Musik:
Schon die alten Griechen wussten, dass Noten, die harmonisch klingen, einfachen mathematischen Zahlenverhältnissen folgen:
Pythagoras (570-510 v.Chr.) hatte durch das Messen von Abständen auf den Saiten damaliger Musikinstrumente festgestellt, dass die drei, heute als Oktave, Quinte und Quarte bekannten harmonischen Musikintervalle mathematisch über die ersten vier Ordnungszahlen in Verbindung stehen: Bei einer Oktave schwingen die Seitenlängen Im Verhältnis 2:1, bei der Quinte im Verhältnis 3:2 und bei der Quarte im Verhältnis 4:3.
Johannes Kepler (1571-1630) erkannte, dass es auch eine „Goldene Quinte" gibt, bei der die Seitenlängen nicht wie bei der normalen Quint im Verhältnis 3:2, also 1,5, sondern mit 1,618... schwingen. Dies entspricht dem „Goldenen Schnitt", dem Maß für das Optimum oder für die Schönheit von allem in unserer Welt.
Überhaupt hatte Kepler festgestellt, dass auch alle Kreisbahnen der Planeten um unsere Sonne harmonischen Beziehungen gehorchen. Für ihn ist die Abstimmung der Harmonien unter den Planeten des Sonnensystems so eindeutig gegeben, dass sie sich gegenseitig *„gleichsam als Teil eines einzigen Bauwerks tragen".*
Am Ende erklingen bei dem gemeinsamen, wenn auch äußerst seltenen Auftreten der (inneren) sechs Planetenbewegungen die Gesamtharmonien der Himmelsbewegungen als eine fortwährende mehrstimmige Musik, die allerdings, da die Planeten am Himmel ja weder Stimme noch Töne haben, letztlich unhörbar bleibt.[9]

---

[8] „Die Magie der Mathematik", TV, 3SAT (2020)
[9] Bialas, V., „Johannes Kepler", Verlag Beck (2004)

Auch viele andere physikalische Phänomene folgen ganz einfachen Verhältnissen je zweier Ordnungszahlen: Zum Beispiel beträgt das Verhältnis von Wasserstoff (H) zu Sauerstoff (O) im Wasser (H_2O) 2:1. Die Erdumrundungen des Mondes stehen im Verhältnis zu seiner eigenen Rotation im Verhältnis 1:1, wobei eine einzelne Erdumrundung 27,3 Tage ausmacht. Bezogen auf die Erde rotiert auch die Sonne in 27,3 Tagen einmal um sich selbst (synodische Sonnenrotation), u.v.m.

Damit kommt jetzt eine weitere Zahlenfolge ins Spiel, die in unserer Welt ebenfalls von großer Bedeutung zu sein scheint und letztlich auch nur auf einem einfachen geometrischen Verhältnis beruht.

Ich werde darauf gleich zu sprechen kommen.

Ein weiteres Beispiel für physikalische Phänomene in ganzzahligen Verhältnissen: In unserem Sonnensystem kreist der Merkur dreimal um sich selbst, während er dabei zweimal die Sonne umkreist. Vor allem also beschreibt die Mathematik sehr genau die physikalischen Gesetze unseres Universums, wie die Schwerkraft (Gravitation) oder die Lichtgeschwindigkeit (c). Weil das so exakt und dazu umfassend geschieht, ist es vernünftig anzunehmen, dass Mathematik die Welt nicht nur hervorragend beschreibt, sondern auch ein *real existenter und fundamentaler Teil* von ihr ist. Eine ausführlichere Vertiefung mathematischer Überlegungen finden Sie auch im zweiten Teil.

Seit 1999 habe ich in zahlreichen Büchern universale Phänomene, die mathematischen Regeln und Gesetzen folgen, immer wieder hergeleitet, dargestellt und erläutert.

Mit Hilfe von 3 „immateriellen Informationspunkten", so wie drei Koordinaten in einem Koordinatensystem, lässt sich der kleinste „endliche" Punkt, also die kleinste „materielle" geometrische Figur, d.h. ein noch so kleiner Kreis, exakt bestimmen (vgl. dazu Abb. 2). Nach dem schon biblischen Grundsatz *„Wachset und mehret euch"*, ergeben sich dann nach nur zwei Schritten einer allein auf reiner Logik basierenden „Vermehrung" mehrere neue Gegebenheiten:

Es entstehen 3 endliche Kreise, wobei der zweite Kreis die erste Dimension (Linie) und der dritte – gleichgroße – Kreis die zweite Dimension (Fläche) durch Verbindung ihrer Mittelpunkte, jeweils neu erschließt. Durch dabei erzielte Schnitt- und Berührungspunkte ergeben sich weitere einfache geometrische Figuren wie etwa ein gleichseitiges und ein rechtwinkliges Dreieck.

Mit ihnen lässt sich auch, und wieder auf reiner Logik basierend, das „Wachstum" des Ausgangskreises starten.
So ganz nebenher ergibt sich dabei auch der „Goldene Schnitt Φ" mit der (unendlichen) Zahlenfolge 618…

Führt man dieses einfache Gedankenspiel in der zweiten Dimension, also in der Fläche, zu Ende, dann ergibt sich durch die Verbindung ihrer Mittelpunkte der dabei entstandenen „vier Ausgangskreise" eine geometrische Figur mit ganz neuer Perfektion: Es entsteht das Quadrat mit seinen vier gleichen Seiten.

Aus einer durch rein „informationelle" („geistige") Koordinaten vorgegebenen, perfekten *„Einheit",* einem „endlichen Punkt", der einem noch so kleinen Kreis entspricht, entsteht nun eine ganz neue Perfektion in der *„Vielheit",* das Quadrat.
Während der Kreis noch *„Unendlichkeit"* in sich trägt, da sich Fläche und Umfang nur mit Hilfe der irrationalen (unendlichen) Zahl π (=Pi) bestimmen lassen, gibt es im Quadrat nur *„Endlichkeiten".*

Das Verhältnis von Fläche und Umfang dieses Quadrates, als die neu erreichte Perfektion in der „Vielheit" und seinem Ausgangskreis als Startpunkt in der perfekten „Einheit", ergibt die von mir schon 1999 so benannte „Grenze des Machbaren Ω" mit der (unendlichen) Zahlenfolge 273…[10]

---

[10] Erklärung der verwandten griechischen Zeichen: π= Pi, Φ= Phi, Ω= Omega

Da es sich in beiden Fällen (Φ und Ω) um geometrische Verhältnisse handelt, ist das verwendete Rechensystem für ihre „zahlenmäßige Darstellung" natürlich vollkommen gleichgültig (Abb.2):

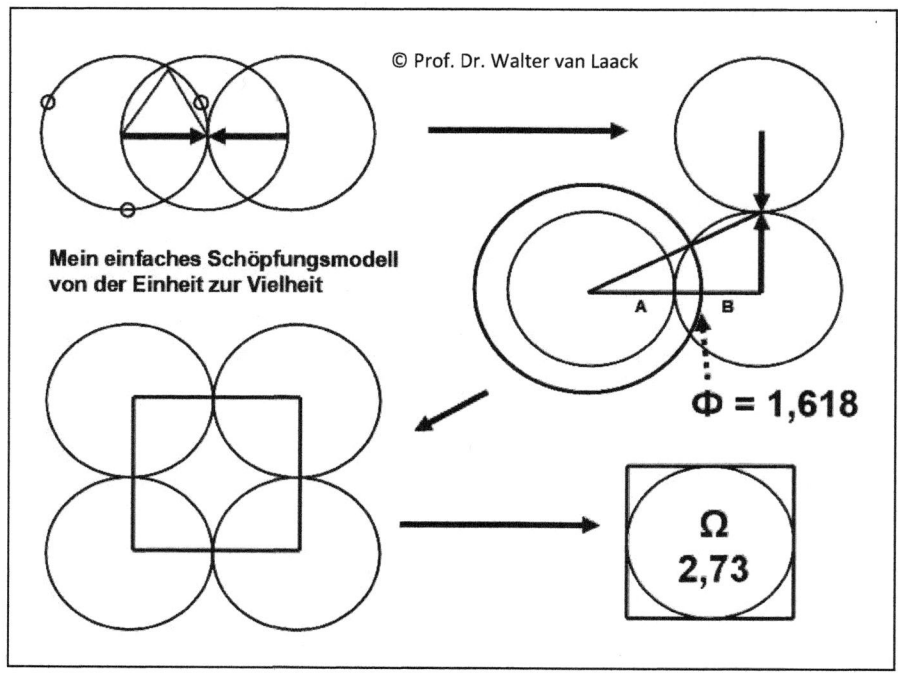

Abb. 2, siehe Erläuterung im Text und nochmalige Verdeutlichung in Teil 2:
Zwei das Universum wesentlich bestimmende Zahlenfolgen Φ und Ω entwickeln sich auf Basis eines ganz einfachen mathematischen Gedankenspiels.

Eine weitere, in unserer Welt ungemein wichtige, irrationale, also unendliche Zahl, ist die von mir bereits zuvor erwähnte Zahl π mit der bekannten Folge 3,14...
Pi (π) beschreibt das geometrische Verhältnis eines Kreisumfangs zu seinem Durchmesser. Da auch hier eine Beziehung zwischen einem runden Objekt, dem Kreis, und einem geraden Objekt, dem des Kreisdurchmessers, besteht, findet sich π ganz unerwartet überall in der Welt wieder, zum Beispiel bei Betrachtung des Verlaufs eines Flusses: So ist das Verhältnis zwischen der tatsächlichen Länge eines vielleicht stark gewundenen Flusses und der Entfernung zwischen

24

Quelle und Mündung ungefähr π. Jede Beschreibung von Wellen enthält π, für Licht genauso wie für Klangwellen.

In einfach allem, was runde Formen aufweist oder in unserem dreidimensionalen Raum kugelig wächst wie etwa lebende Zellen, oder sich kugelförmig ausbreitet wie etwa explodierende Sterne, steckt die unendliche Zahlenfolge π = 3,14...

Sonderbare Naturkonstanten

Inzwischen kennt man eine Reihe sogenannter Naturkonstanten.
Das sind physikalisch messbare Größen, die für die Existenz unseres Universums von entscheidender Bedeutung sind. Auch wenn man sie experimentell zumindest in etwa, d.h. „unscharf", messen kann; Was hinter ihnen steckt, was sie verbindet und warum sie so sind, wie sie sind und nicht anders, ist bis heute gänzlich unbekannt.
Wären sie aber nicht so stabil – also konstant – wie sie es offenbar sind, gäbe es unser Universum nicht. Es gäbe dann weder Atome, noch überhaupt „feste Materie", also keine Galaxien, Planeten und Planetensysteme – und natürlich auch keine Lebewesen.

Bereits in früheren Büchern[11] habe ich aufgezeigt, dass es allein mit Hilfe der ersten vier Ordnungszahlen, also mit den Zahlen 1, 2, 3 und 4, dazu den beiden unendlichen Zahlenfolgen 618... für das „Optimum", also die Zahlenfolge des „Goldenen Schnitts Φ", und 273... für die „Grenze des Machbaren Ω", möglich ist, *alle* bisher bekannten Naturkonstanten als Zahlenverhältnisse (Brüche) mit nur sehr geringen Abweichungen von den Messungen darzustellen:

1) Eine wichtige Naturkonstante ist die Lichtgeschwindigkeit c.
Albert Einstein (1879-1955) hatte sie als absolute Grenze für jede Bewegung physikalischer Körper im leeren Raum erkannt. Man hat sie mit 2,99792458 x 10^8 m/s, also fast 300.000 Stundenkilometern,

---

[11] z.B. ausführlich in „Mit Logik die Welt begreifen" (2005), und schon vorher seit 1999

gemessen. Vermutlich aber steht die *Ordnungszahl 3* „hinter" diesem Messwert und ist somit die eigentlich maßgebliche und orientierende Maßzahl[12].

Im Dezimalsystem ergibt sich über die Zahl 3 durch Multiplikation mit einem beliebigen Vielfachen von 10 (also 3×10^n) die jeweils *obere Grenze für den Messwert von c*. Die 10 ist wiederum die Summe der ersten vier Ordnungszahlen (= 1+2+3+4).

Das der Lichtgeschwindigkeit womöglich zugrunde liegende "Ideal" ist also gegeben durch das dezimale Vielfache einer „Information, dargestellt durch die *Ordnungszahl 3*".

Dieses *„informationelle Ideal"* macht sie daher zu einer Konstanten. Die Abweichung des tatsächlichen Messwertes (2,9979...) von der Zahl 3 beträgt nur 0,069%.

Licht entsteht *nicht* durch das Zusammenwirken *zweier* Körper, sondern geht von nur *einem* Körper aus. Sein Wert hängt unmittelbar mit der *Raumausdehnung* im Universum zusammen. Dafür kann das Produkt aus *3×10^n* gelten. Das habe ich in früheren Büchern ausführlich erläutert.

Im Gegensatz dazu werden *Wirkungen zwischen zwei voneinander abhängigen (endlichen) Körpern* <u>im Raum</u> durch den *Kehrwert dieses Produktes* bestimmt. Anstatt 3×10^n gilt dann folglich der Term: $1 : (3 \times 10^n)$ oder $1/3 \times 10^{-n}$ (vgl. z.B. Gravitation).

2) <u>Die Gravitationskraft</u> (auch Schwerkraft oder Anziehungskraft) ist jetzt eine Wirkung *zwischen zwei* dreidimensionalen, also *endlichen*, d.h. physikalischen oder materiellen *Körpern*, z.B. zwischen der Erde und der Sonne.

Folglich lässt sich hier deshalb das Produkt aus der Zahl 2 (da zwei Körper) und dem zuvor schon erwähnten *Kehrwert* bilden.

---

[12] Dies wurde von dem deutschen Chemiker und Naturforscher *Peter Plichta* in den 1990er Jahren in seiner Buchreihe „Das Primzahlkreuz" dargestellt und von mir in früheren Büchern dankbar aufgegriffen, erläutert und mit neuen Hinweisen und Analogien weiter vertieft

Es gilt also:
2 x (1/3 x 10^{-n}) oder 2/3 x 10^{-n}. Das ist aber auch 6,6666... x 10^{-n}.

Die neben der Lichtgeschwindigkeit bedeutendste Konstante in unserem Universum ist die Gravitationskonstante (G).
Gemessen wurde G = 6,67259 x 10^{-19} (Nm^2/kg^2). Das entspricht dem aufgerundeten Rechenwert mit einer Abweichung von nur 0,088% .

3) Mit einem ganz ähnlichen Faktor kann auch das sog. Planck'sche Wirkungsquantum oder die Planck-Konstante (h) aufwarten.
Sie beschreibt die *kleinste Wirkung* zwischen *zwei Körpern* im Universum. Deshalb muss auch diesmal wieder derselbe Kehrwert (1/3 x 10^{-n}) eine Rolle spielen; denn als der Kehrwert des Faktors für Raumausdehnung und Lichtgeschwindigkeit steht er ja für sämtliche Wirkungen nach innen.
Deshalb muss auch er mit 2 multipliziert werden (also 2/3 x 10^{-n}), da es sich erneut um ein *Maß zwischen zwei Körpern* handelt.
Tatsächlich ist der Messwert von h= 6,626075 x 10^{-34} (J/s).[13]
Die Abweichung beträgt hier lediglich 0,61% zum Rechenwert.

4) Die *zwei* wichtigsten Atomteilchen "Proton" und "Elektron" sind als polar aufzufassen, also als gegensätzlich zueinander.
Das Proton nennt man positiv geladen, das Elektron somit negativ.
Im Wasserstoffatom (H), dem mit Abstand wichtigsten und im ganzen Universum am weitesten verbreiteten Atom, finden sich nur diese beiden Atomteilchen Proton und Elektron.
Nicht nur was ihre entgegengesetzten Ladungen angeht, sondern auch was ihre Größenunterschiede betrifft, stellen sie wahrlich *zwei extreme Gegensätze* innerhalb eines Atoms dar.
Das schlägt sich vor allem im Verhältnis ihrer Massen zueinander nieder. Man spricht hier von dem sogenannten Massenquotienten:
Auch er ist eine Naturkonstante und beträgt: 1836,152701.

---

[13] Auch J = Joule ist eine dezimale Einheit für Energie. Es gilt 1J = 1Nm (Newtonmeter) = 10 kgm^2/s^2

Ist es nicht verblüffend, dass nun wieder einmal der zuvor erwähnte Faktor $2/3 \times 10^n$ (wobei hier n=1 ist), jetzt multipliziert mit meiner Kennzahl für die „Grenze des Machbaren Ω", d.h. mit 273..., zu einem annähernd gleichen Ergebnis kommt?
Es gilt nämlich: $2/3 \times 10^1 \times 273... = 1820,9$.
Die Abweichung beträgt nur knapp 0,84% zum Rechenwert.

5) Eine wichtige Naturkonstante ist auch die Elementarladung.
Ganz bestimmt sollte sie eine *optimale* Größe sein.
Dafür, so habe ich gezeigt, hält der von mir wiederholt postulierte mathematische Bauplan unserer Welt als treffliches Maß den "Goldenen Schnitt Φ" bereit mit der Zahlenfolge 618..., also im Verhältnis der so genannten „stetigen Teilung" von 1,618 zu 1.
Der tatsächlich gemessene Wert für die Elementarladung beträgt $1,60217733 \times 10^{-19}$ (C) /[14]. Die Abweichung beträgt nur 0,99%.

6) Schließlich noch etwas zur sog. Feinstrukturkonstanten α, die auf atomarer Ebene die Mindest-Abstände – also auch wieder Grenzen – zwischen *zwei kleinsten materiellen Bausteinen* bestimmt.
Hätte sie einen anderen Wert als 1 : 137,0359895 (± etwas!), dann könnten sich die Atome nicht auf die gewohnte Weise zu Molekülen verbinden. Statt zum Beispiel Wasser, Metalle, Steine oder Sand hätten wir es nur mit einem Atombrei zu tun.
Deshalb sollte auch sie etwas mit der Zahlenfolge für die „Grenze des Machbaren Ω", also mit der Zahlenfolge 273..., zu tun haben.

Einmal mehr geht es auch hier wieder um *eine Wirkung zwischen 2 Körpern*, so dass man, ganz analog zu den anderen Konstanten, logischerweise erneut den Faktor 2 : 273 ansetzen sollte (also wieder ein *Kehrwert*).
Kürzt man diesen Wert, so erhält man 1 : 136,5, was nur eine Abweichung von 0,39% vom tatsächlichen Messwert ausmacht.

---

[14] C = Coulomb = As = Ampèresekunde: ist ein dezimales Maß für die Elektrizitätsmenge

28

7) Zwar keine „klassischen" Naturkonstanten im anerkannten Sinn, nichtsdestotrotz jedoch ganz offensichtlich nur allzu oft verkannte Konstanten für „alles Optimale" und die „Grenze des Machbaren", sind wohl die unendlichen Zahlenfolgen $\Phi = \underline{618}...$ und $\Omega = \underline{273}...$

Die moderne Wissenschaft schreibt bislang allein der materiellen (sinnlichen) Wahrnehmung eine *reale Existenz* zu.

Betrachtet man die Welt innerhalb eines Rahmens auf Basis von elementar-mathematischer Logik, so ergibt sich aus einer Vielzahl von Beobachtungen, dass die Zahlenfolge $\Omega = \underline{273}...$ stets Grenzen markiert, während sich die Folge $\Phi = \underline{618}...$ immer wieder als Maß für das Optimale in der Welt und damit auch für Perfektion erweist.

An dieser Stelle komme ich noch einmal kurz auf eine sehr schöne Analogie zurück. In zahlreichen früheren Büchern habe ich sie als erster überhaupt entwickelt und wiederholt eingehend auf ihre Realitätsnähe hingewiesen – schon im letzten Jahrhundert:

Zunächst erklärt sie metaphorisch *das Entstehen von „Geist" und (danach und daraus) von „Materie"* aus dem wohl allem zugrunde liegenden, für uns gänzlich unbeschreiblichen Göttlichen:

Über die „imaginäre (oder komplexe) Zahl i"[15], die zwar ganz *real existieren* muss, jedoch rechnerisch als Wurzel aus „-1" nicht zu entwickeln ist, entsteht zunächst durch Quadrieren "-1" und dann durch weiteres Quadrieren "+1" sowie schließlich $(+1)^2$. Das ergibt den Rahmen für alles, was in dieser Welt ist und entsteht:

Aus einer „Göttlichen Einheit" entsteht das „Informationelle" oder „Geistige" und aus ihr wieder das „Körperliche" oder „Materielle".

Alles Materielle in der Welt unterliegt physikalischen Abläufen, so etwa regelmäßigen *zyklischen* Wachstums- und Zerfallsprozessen. Auch sie sind durch eine Konstante beschrieben, die sogenannte Euler'sche Zahl ($e = 2,72...$). In der Mathematik ist sie die Basis des natürlichen Logarithmus. Ebenso beschreibt sie die Abnahme der Primzahlen mit wachsender Ordnungszahl („Entfernung von 1").

---

[15] zu „i" und imaginären bzw. komplexen Zahlen siehe dazu auch Anhang

Elementare mathematische Zahlenverhältnisse scheinen einmal mehr die klar bestimmenden Größen für wichtige physikalische Zusammenhänge zu sein. Nicht die Physik scheint die Grundlage für so Vieles in unserem Universum zu sein, sondern die Mathematik, vor allem die Geometrie. Rechensysteme und Rechenregeln (Arithmetik) sind dagegen vom Menschen gemacht. Sie sind gut, wenn sie auf geometrischen Vorgaben beruhen und aufbauen.

Es gibt offenbar zwei Grenzen für materielle Existenz, eine "untere" aus der unendlichen Zahlenfolge e = 272... und eine "obere" aus Ω = 273.... Die „Grenze des Machbaren Ω" = 273... entstammt, wie ich gezeigt habe, aus dem geometrischen Verhältnis *von einem neuen Quadrat zu seinem Ausgangskreis (=1,273...)*. Dabei bildete sich auch der "Goldene Schnitt" Φ = 1,618... Er bestimmt, was sich und wie es sich optimalerweise in der Welt bildet. Da in unserer Welt alles *dynamisch* ist muss man auch die Folge für das Optimum Φ wiederum quadrieren und erhält so 2,62...

Die Zahlenfolge Ω = 273..., von mir „Grenze des Machbaren Ω" genannt, lässt sich allein durch die ersten vier Ordnungszahlen bestimmen. Es gilt ja: 1+2+3+4=10 und 1^2 x 3^4=81.

Daraus ergibt sich: (10+81) x 3 = 273. Warum das Sinn macht und nicht bloße Zahlenspielerei (oder gar Zahlenspinnerei?) ist, werde ich ausführlich im zweiten Teil erläutern und vertiefen.

Wir haben also 4 unendliche Zahlenfolgen, welche unserer Welt zugrunde liegen, wovon sich drei um den Faktor „1" unterscheiden. Der „Goldene Schnitt Φ" steht für alles Optimale, die „Euler'sche Zahl e" steht für alle wichtigen physikalischen Prozesse wie Aufbau und Abbau. Omega (Ω) als „Grenze des Machbaren" erklärt sich von selbst. Da sich die Grenze des Machbaren Ω aus dem geometrischen Verhältnis von *neuer Perfektion* (Quadrat) zur *Ausgangsperfektion* (Kreis) ergibt (über Flächen und Umfänge, bei Kugeln auch über die Volumina, siehe Abb. 2 und Begleittext), steckt in ihr (Ω) auch die vierte unendliche Zahlenfolge, die Konstante π (Pi), drin:

Es gilt ja: 4 dividiert durch 1,273... ergibt 3,141... = π.

Von Zufall, Chaos und Ordnung

Eine Reihe von natürlichen Formen und Gegebenheiten sind jedoch mit klassischer Mathematik nicht zu beschreiben.

Der französisch--amerikanische Mathematiker *Benoit Mandelbrot (1924-2010)* präsentierte eine ganz neue Geometrie mit unendlich wiederkehrenden Rechenzyklen, den sog. *Iterationen*.

Visualisiert man sie, so erkennt man schon bald Regelmäßigkeiten, die Mandelbrot *„Fraktale"* nannte. Damit wurde schnell eine tiefe Ordnung in der ganzen Natur offenbart, die immer wiederkehrende „Selbstähnlichkeit". Mandelbrot beschrieb diese Regelmäßigkeiten mit Zahlenmatrizen, so dass sich *Fraktale* als Teile der Baupläne unserer Natur erwiesen. Die meisten dieser Selbstähnlichkeiten sind nicht sehr streng, wie zum Beispiel die Blätter eines Farns oder von Gemüse. Jedoch sind sie statistisch signifikant, so wie etwa bei Küstenlinien oder bei Gefäßen und Nervenbahnen in lebenden Körpern oder bei Sternen in Galaxien.

Eine strenge Selbstähnlichkeit zeigen folgende Beispiele: Jeder kennt ein sogenanntes Galton'sches Nagelbrett (Abb. 3): Ganz oben startet es mit zunächst einem Nagel.
Auf jeder darunter liegenden weiteren Nagelreihe findet sich ein Nagel mehr. Und zur jeweils oberen Reihe sind die Nägel darunter versetzt.
Lässt man nun von oben eine

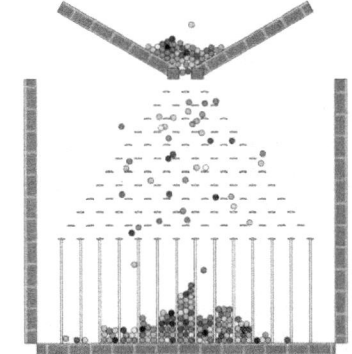

Abb. 3: Galton'sches Nagelbrett

Murmel herunter fallen, dann rutscht sie an diesen Nägeln vorbei und kommt *zufällig* irgendwo unten in einem Auffangbecken an.
Lässt man aber nun statt nur *einer* Murmel vielleicht 1000 Murmeln herunterrollen, dann zeigt sich bald eine klassische Anordnung:
Sie wird nach dem deutschen Mathematiker *Carl Friedrich Gauß (1777-1855)* auch *„Gauß'sche Normalverteilung"* genannt.

Die sich daraus ergebende Glockenkurve bekommt man auch durch eine rechnerische *„Binominalentwicklung"* nach dem französischen Mathematiker und Physiker *Blaise Pascal (1623-1662)*: Jeder kennt sie natürlich aus seiner Schulzeit (Abb. 4):

Zunächst berechnet man $(a+b)^2$
und erhält so $\mathbf{1}a^2 + \mathbf{2}ab + \mathbf{1}b^2$.

Als nächstes berechnet man $(a+b)^3$,
und man bekommt
$\mathbf{1}a^3 + \mathbf{3}a^2b + \mathbf{3}ab^2 + \mathbf{1}b^3$,

danach berechnet man $(a+b)^4$,
und man erhält
$\mathbf{1}a^4 + \mathbf{4}a^3b + \mathbf{6}a^2b^2 + \mathbf{4}ab^3 + \mathbf{1}b^4$

und so weiter…

```
              1
            1   1
          1   2   1
        1   3   3   1
      1   4   6   4   1
    1  5  10  10  5  1
  1  6  15  20  15  6  1
 1  7  21 35 35 21  7  1
1  8  28 56 70 56 28 8  1
u. s. w.
```

Abb.4: Binominalentwicklung

In Abb. 4 sind nur die Faktoren der Formelentwicklung dargestellt, also z.B. 1-1, nächste Reihe 1-2-1, dann 1-3-3-1, dann 1-4-6-4-1, u.s.w.

Man erkennt schnell, dass die darunter und dazwischen stehenden Faktoren immer die Summe der darüber stehenden ergeben.

Würde man nach genügend langem Weiterrechnen eine Kurve dieser Faktoren zeichnen, so entspräche sie der experimentell zum Beispiel am Galton'schen Nagelbrett erzielten Glockenkurve der Gauß'schen Normalverteilung mit immer geringerer Abweichung.

In diese Kurve könnte man nun ein gleichseitiges Dreieck einzeichnen mit nacheinander entstehenden Reihen von sechseckigen Waben, so wie Bienenwaben. Markiert man in der Faktorenreihe (s.o.) alle ungeraden Zahlen schwarz und alle geraden Zahlen mit weiß, so erhält man nach einigen Rechenschritten das rechts abgebildete Muster (Abb. 5).

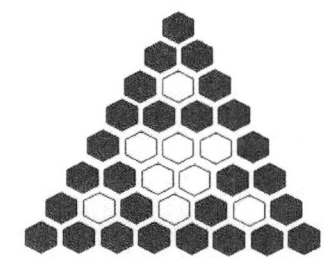

Abb. 5: Ungerade Zahlen schwarz, gerade Zahlen weiß

Rechnet man immer so weiter, dann kann man nach sehr vielen weiteren Rechenschritten schließlich feststellen, dass sich auch diese Muster „im Kleinen" wie „im Großen" regelmäßig wiederholen. Es entsteht das rechts abgebildete, sogenannte *„Sierpinski Dreieck"* (Abb. 6), benannt nach dem polnischen Mathematiker *Waclaw Sierpinski (1882-1969)*.

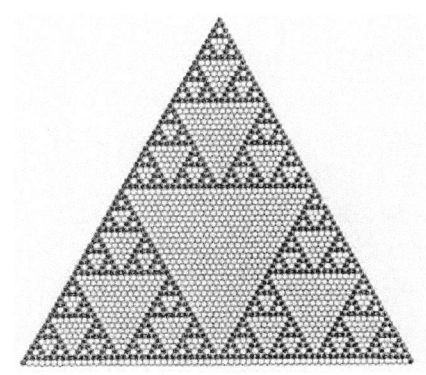

Abb. 6: Sierpinski-Dreieck

Das sieht vielleicht zunächst noch nach reiner Mathematik aus. Sie fragen sich also bestimmt, wo liegt hier die „Goldene Brücke" zur physikalischen Realität? Dazu jetzt wieder ein Gedankenspiel. Es stammt von dem deutschen Naturphilosophen *Peter Plichta*[10]. Schon in meinem ersten Buch im Jahr 1999 /[16] hatte ich darauf aufmerksam gemacht (Abb. 7):

Man stelle sich ein *gleichseitiges Dreieck* vor. Dessen Ecken sind mit 1, 2 und 3 beschriftet. Außerhalb davon befindet sich eine winzige Kugel, z.B. ein einzelnes Gasatom.

Über einen Zufallsgenerator, der nur die Zahlen 1, 2 und 3 hervorbringen kann, wird die erste Zahl bestimmt, zu der die Kugel fliegt (hier: Ecke 1).

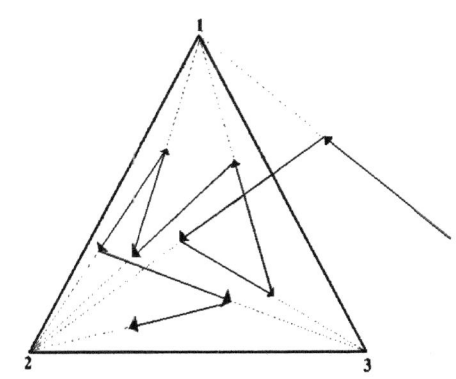

Abb. 7: Gedankenspiel nach *Plichta*

Man zieht nun eine Verbindungslinie von der Kugel (dem Atom) zu der entsprechenden Ecke des Dreiecks. Auf halber Weglänge wird

---

[16] „Plädoyer für ein Leben nach dem Tod und eine etwas andere Sicht der Welt"

die Kugel jedoch gestoppt, und über den Zufallsgenerator wird eine neue Ecke bestimmt, wohin sie nun fliegen soll (hier: Ecke 2).

Von diesem Haltepunkt wird dann wieder eine Verbindungslinie zu der neuen Ecke gezogen. Natürlich wird die Kugel dann auch wieder auf halbem Weg dorthin gestoppt und über den Zufallsgenerator erneut zu einer anderen Ecke dirigiert (hier: Ecke 3).

Das geht immer so weiter, vielleicht mindestens 1.000 oder 10.000 mal. Wenn die Kugel einmal im Dreieck angekommen ist, kann sie da nicht wieder heraus, sondern fliegt stets von einer Ecke zu der nächsten, immer per Zufall neu bestimmten Ecke innerhalb dieses Dreiecks. Wenn man mit Hilfe des Computers schließlich alle Verbindungslinien streicht und nur noch die Haltepunkte stehen lässt und markiert, dann ergibt sich, obwohl ja alles rein zufällig gesteuert war, ebenfalls wieder ein Dreieck mit regelmäßigen Innenverhältnissen, also mit einem fraktalen Muster.

Immer wieder bildet sich nach nur genügend häufiger Anzahl rein zufälliger Einwirkungen absolute Ordnung, die dann, wenn man sie bildlich darstellt, wunderschöne Muster zeigt. Alle Zufälle in der Physik führen im ganzen Universum letztlich wieder zu Ordnung und das mit neuer und höherer Ebene.

Das Experiment (Spiel) und die mathematische Berechnung führen einmal mehr zu *denselben* Ergebnissen. Langfristig münden also alle chaotischen Anfangsbedingungen in bestechend schöne Ordnung.

Im Umkehrschluss darf man deshalb mit Fug und Recht annehmen, dass man wohl einmal mehr die Welt mit mathematischer Logik sehr treffend beschreiben kann oder, wie es *Galileo Galilei (1564-1642)* einmal noch weitergehend formulierte, *„das Universum ist in der Sprache der Mathematik geschrieben"*.

Mittlerweile wissen wir mithilfe experimenteller Untersuchungen, dass elementare Mathematik selbst schon Pflanzen und niederen Tieren zu eigen ist und sich ganz offensichtlich in allen Gehirnen zumindest rudimentär verankert vorfindet.

Für die fleischfressende Venusfliegenfalle gilt das genauso wie für Insekten und für Fische. Natürlich gilt es auch für viele Vögel und für

Säugetiere bis hin zu den Affen. Sie alle können nachweislich zählen und haben ein, je nach Entwicklungsstand, wachsendes Verständnis für Mengen. Außerdem können sie alle elementaren geometrischen Figuren voneinander unterscheiden. So hat man zum Beispiel vor wenigen Jahren nachweisen können, dass Fische Kreise, Dreiecke und Quadrate mühelos voneinander unterscheiden können.

Auch Babys im Alter von wenigen Monaten können das schon, ohne es gelernt zu haben. Und ihr mathematisches Verständnis ist dem von Affen zunächst recht ähnlich.

Materie ist im Grunde eine Illusion

Die Mathematik scheint wohl auch der entscheidende „Rote Faden" zu sein für die Entwicklung des Universums und alle wichtigen Eckpunkte der Koexistenz. Kein anderes System scheint hierzu eine taugliche Alternative bieten zu können. Elementare Mathematik dürfte mit großer Sicherheit keine Erfindung der Menschen sein, auch wenn diese schließlich durch ihr Arbeiten damit nach und nach das ein oder andere hinzu erfinden und ausbauen, um sie für sich nutzbar zu machen und sich so ihr Leben vereinfachen zu können.

Elementare Mathematik scheint in dieser Welt *real zu existieren*. Gäbe es den Menschen nicht, gäbe es das Universum dennoch sehr wohl, weil seine Existenz durch die Mathematik ermöglicht und an allen Ecken und Enden wirksam beeinflusst und strukturiert wird.

Was aber ist elementare Mathematik? Es ist die „nüchternste" und somit „objektive" Basis von Information, ohne Subjektivität. Sie gibt das universale Regelwerk vor. Sie bestimmt den Rahmen unserer Welt objektiv und eindeutig. Sie ist der Kern und das Wesen alles „Informationellen" in dieser Welt. *Sie ist, wenn noch nichts anderes ist.* Sie ist die Grundlage der Physik und damit der Ursprung und die Basis der mit ihr entstehenden, sich entwickelnden und nach ihren Regeln geformten physikalischen Welt. Sie ist auch „Logos", was aus dem *Johannesevangelium* mit „Wort" übersetzt wurde: *„Am Anfang war ‚logos' und ‚logos' stand bei Gott und Gott war ‚logos'".*

Doch wir Menschen leben in dieser physikalischen Welt und kennen nur sie. Mathematik gilt für viele zwar als eine zweckmäßige Hilfe, jedoch letztlich als rein menschliche Erfindung. Informationen jeder Art bedürfen nach menschlicher Vorstellung eines uns bekannten materiellen Trägers, zum Beispiel unseres Gehirns, das von vielen damit auch als Produzent von Geist und Bewusstsein betrachtet wird. Wenn das Gehirn stirbt, muss demnach auch der damit vermeintlich produzierte Geist aufhören zu existieren.

Die, die so denken, sehen darin sogar ein Zeichen von Aufklärung – ganz gleich, wie naiv das alles tatsächlich im Kontext des hier Gesagten und vieler Bilder, Metaphern und Analogien großer Naturforscher, Wissenschaftler und Philosophen klingen muss.

Bereits der griechische Philosoph *Platon (428-348 v.Chr.)* hatte mit seinem berühmten Höhlengleichnis versucht, das zu korrigieren. Am Anfang seines Buches *Politeia* lässt er von seinem Lehrer *Sokrates (469-399 v.Chr.)* erzählen: In einer Höhle sitzen viele Menschen ihr ganzes Leben lang gefangen und festgezurrt. Sie können nur nach vorn auf die Höhlenwand schauen und nicht einmal ihren Kopf nach hinten drehen, wo sich ein Ausgang befindet.

Auch ihre Mitgefangenen können sie nicht sehen, bloß die Höhlenwand vor ihnen. Licht wird ihnen über ein Feuer in einem Schacht hinter ihnen gewährt. Auch das Feuer sehen sie nicht, nur die Schatten, die sich jetzt auf der Höhlenwand vor ihnen abbilden.

Zwischen dem Feuer und ihnen laufen Menschen hin und her. Sie tragen Gegenstände und kommen und gehen durch den Ausgang.

Alles das können die Gefangenen aber nicht sehen. Was sie sehen, sind allein die Schatten, die sich durch diese Dynamik auf der Wand vor ihnen zeigen. Auch wenn die Menschen hinter ihnen sprechen, so können sie es diesen ja nicht zuordnen; denn sie wissen ja nichts von ihrer Existenz. Stimmen oder Gesang werden genauso von der Höhlenwand reflektiert. So müssen sie annehmen, die Schatten sprächen oder würden singen. Nur das, was sich auf der Wand abspielt und von ihr widerhallt, ist für die Gefangenen zeitlebens ihre gesamte Wirklichkeit.

Nehmen wir einmal an, die Gefangenen könnten sich nun mit „ihrer (Pseudo-)Wirklichkeit" wissenschaftlich befassen: Dann würden sie eine Wissenschaft der Schatten entwickeln, mit deren Hilfe nach Gesetzmäßigkeiten suchen und aus ihnen dann Prognosen ableiten. Der Erzähler von Platons Gleichnis, also Sokrates, bittet jetzt seinen Gesprächspartner *Glaukon* sich vorzustellen, was geschähe, wenn man einen der Gefangenen losbände, ihn ans Sonnenlicht brächte und ihm nun die *wahre Wirklichkeit* zumuten würde?
Diese Person wäre schmerzhaft vom Licht geblendet und hielte die gesamte neue Szenerie, die sich ihm nun auftäte, für völlig irreal.
Nur die ihm bekannte Wirklichkeit der Schatten an der Höhlenwand wäre ja seine Realität. Würde man ihm gegenüber beteuern, dem wäre aber nicht so, nur das Neue wäre real, würde er es natürlich nicht glauben, es wäre für ihn vollkommen absurd.

Dieses schöne und bekannte Höhlengleichnis von *Platon* gibt genau das wieder, was viele heute wie mit Scheuklappen durch die Welt gehen lässt: Sie erkennen die Wirklichkeit nicht und können sie sich trotz noch so vieler, in sich schlüssiger und sehr plausibler Hinweise einfach nicht vorstellen. Sie sind blind vor der Wirklichkeit, weil sie nur in beengtem Raum und oft völlig monoman forschen, leben und deshalb meist auch nur entsprechend beschränkt denken.
Schon ein kleiner geistiger Sprung könnte sie jedoch befreien und zumindest zu der hypothetischen Annahme leiten, „Information" sei von realer Existenz. Sie bräuchte keine „materielle Trägersubstanz", zumindest nicht so, wie wir sie uns vorstellen, da wir nur bestimmte Bilder und Vorstellungen von solchen „materiellen Trägern" haben.

Jede Information basiert auf elementarer Mathematik und wird geleitet von mathematischen Rahmenbedingungen. Im Rahmen einer noch viel umfassenderen Evolution von Information – oder allgemeiner, des „Informationellen" – entstehen im Laufe riesiger Zeiträume (Informations-)*Cluster*, also zusammenhängende größere Informationsgruppen. Dem Informationellen sind zudem Attribute innewohnend, die sich so allmählich entfalten: *Leben und Geist*.

Damit aber noch nicht genug: Bei genauerem Hinsehen stellt sich bald sogar die Frage, ist eigentlich die ja von den meisten von uns ohnehin als die zumindest dominante, oft aber auch als die einzig existente Wirklichkeit angenommene, physikalische oder materielle Welt, tatsächlich wirklich? Oder ist womöglich sie erst das Produkt einer ihr in Wirklichkeit zugrunde liegenden geistigen oder wieder ganz allgemein, einer „informationellen Welt"?
Wie wirklich ist also diese physikalische Welt wirklich?

Die noch relativ junge *Quantenphysik* hat alles, was bis dahin als „physikalisch orthodox" galt, als fragwürdig und „unscharf" entlarvt. Entscheidende Interpretationen daraus resultierender Phänomene müssten neu hinterfragt werden. Zwar werden sie von den meisten Physikern der heutigen Zeit als gegeben akzeptiert. Doch wie viele von ihnen haben das wirklich jemals verstanden?
Dazu gehört etwa die Deutung des Lichtes als Teilchen *(Photon)* und Welle zugleich, weil das berühmte *Doppelspaltexperiment* dies so auf dem Boden unseres aktuellen Weltbilds tatsächlich erzwingt.
Dazu gehört auch die schon fast esoterische Schlussfolgerung sonst sehr naturalistischer Physiker, die sogenannte *Verschränkung* von miteinander gekoppelten Teilchen über jede beliebige kosmische Entfernung hinweg *(Superposition)* auflösen zu können, indem man durch eine „bewusste Entscheidung" für das „Abgreifen" eines der beiden Teilchen einen *„Kollaps der Wellenfunktion"* herbeiführt.
Wenn Sie das nicht auf Anhieb verstehen, macht das gar nichts; denn es widerspricht ohnehin jeder Alltagserfahrung. Aus diesem Grund macht es an dieser Stelle auch keinen Sinn, das näher zu erläutern. Dazu verweise ich lieber auf frühere Bücher, in denen ich das ausführlich dargestellt habe. Hier nehmen Sie einfach mein Fazit zur Kenntnis: Ich glaube, alles das ist völlig falsch gedacht.

Damit Sie mich nicht falsch verstehen: Natürlich ist das im Rahmen des Doppelspaltexperiments beobachtete Verhalten von Licht als Teilchen- und Welle zugleich ein absolut *korrektes Phänomen.*

Genauso stimmt es, dass wir beim „weit entfernten Abreifen" *einer Variante* von miteinander verschränkten Teilchen „am anderen Ende" immer nur noch die andere „zu fassen" bekommen.

Einmal mehr stimmen die Phänomene. Nur, wie man diese dann interpretiert, scheint hanebüchen zu sein. Die Deutungen scheinen deshalb falsch, weil die Physiker, die das tun, in der Höhle von Platon sitzen und viele nicht bereit sind, die Wirklichkeit erkennen zu wollen. Manche sind allerdings auch gar nicht in der Lage, sie tatsächlich zu sehen; denn es fehlen ihnen dafür entscheidende Voraussetzungen. Diese wiederum sind *informationeller* Natur: Sie „sehen" den Wald vor lauter Bäumen nicht. Um ihn aber zu sehen, benötigen sie einen *Paradigmenwechsel im Denken.*

Ich glaube, dass das Verständnis für die wahren Zusammenhänge auf dem Boden unserer Physik mit der dogmatischen Annahme, Materie sei die Grundlage von allem in dieser Welt und das Wesen des ganzen Universums, überhaupt nicht erwachen kann.

Der von mir sehr geschätzte deutsche Physiker *Hans-Peter Dürr (1929-2014)*[17] hatte deshalb wiederholt die *„Notwendigkeit eines Paradigmenwechsels"* gefordert. Um das zu verdeutlichen, so Dürr in einem seiner schönen Vorträge, solle man sich die Welt als eine Torte vorstellen, die aus verschiedenen Schichten besteht.

Dürr führt nun aus: *„Diese Torte, das ist die Welt. Und jetzt müssen wir beschreiben, was ist die Welt? Jetzt kommt es darauf an, ob ich ein Bäcker bin oder jemand, der die Torte isst. Ein Bäcker sagt, das ist ganz einfach, eine Schichtentorte besteht aus mehreren Schichten verschiedener Materialien, wie eine Schicht aus Teig und eine weitere mit Nüssen und dann eine Schicht mit Früchten und so*

---

[17] Prof. Dürr und ich waren noch für Februar 2014 zu einem gemeinsamen Workshop in Kleve zu diesem Themenkreis eingeladen. Leider erkrankte er kurz vorher, sagte mir dann telefonisch ab und starb schließlich am 18. Mai 2014, so dass es zu meinem größten Bedauern auch nicht mehr zu diesem Workshop gekommen ist

fort und ist daraus aufgebaut. Aber derjenige, der die Torte isst, der sagt, dass stimmt doch überhaupt nicht; denn der hat einen Sektor herausgeschnitten und sagt, ein Stück ist etwas, das schon eine Struktur hat. Und jetzt streiten die beiden sich. Wer hat Recht? Das sind die Streitigkeiten, die wir (in der Wissenschaft) dauernd führen. Wenn die einfach warten würden, bis sie das Ganze zusammengesetzt haben, würden sie zur selben Torte wieder zurückkehren. Es kommt darauf an, welches Interesse dahinter ist, was man als primär, also als die Grundlage betrachtet und was als abgeleitet. So, das sind also zwei verschiedene Paradigmen, beide erfolgreich, wenn man sie zu Ende führt. Aber es ist eine bestimmte Schwierigkeit da: Ist es wirklich wahr, wenn man alles zusammensetzt, dass man zur selben Torte kommt? Nicht ganz wahr! Wenn ich den Teig nehme, dann klebt der aneinander, aber das Tortenstück fällt immer wieder auseinander. Da muss ich also noch ein bisschen Uhu dazwischen tun, damit die beiden Ergebnisse gleich werden. Tja, aber wenn ich nun frage, ist die neue Physik nur einfach eine dritte Art, diese Torte durchzuschneiden, ist die Antwort: Nein. _Es kommt mehr oder weniger heraus, es gibt die Torte überhaupt nicht!"_

Salopp formuliert sagt Dürr nichts anderes, als dass Materie, wie wir sie zu kennen und zu fühlen glauben, pure Illusion sei.

Betrachten wir dazu ein Atom. Es könnte jedes beliebige sein, doch das im ganzen Universum am weitesten verbreitete Atom ist der Wasserstoff. Mit ihm lässt sich auch der eigentliche Kern der Aussage von Hans-Peter Dürr sehr schön verdeutlichen.

Atome sind schon seit dem 5. Jahrhundert v.Chr. bekannt.[18]

Zwar wissen wir heute, dass Atome nicht unteilbar sind. Dennoch sind sie als eine Art „Teilchenarrangement" die kleinsten Bausteine von Materie. Das Wasserstoffatom besteht nur aus zwei solcher „Teilchen", einem Proton, der auch sein Atomkern ist, und einem Elektron, das um diesen Kern, das Proton, herumfliegt.

---

[18] Atomos heißt „unteilbar". Die Lehre von unteilbaren kleinsten Teilchen (Atomismus) geht auf die griechischen Philosophen _Leukipp_ und seinen Schüler _Demokrit (gest. ca. 370 v.Chr.)_ zurück.

In den letzten 100 Jahren hat sich diese einfache Vorstellung zwar längst weiter verfeinert und es gilt: Im Grunde sind selbst diese beiden „Teilchen" schon nur ein *„Hauch von Nichts"*: So kann man beispielsweise das Elektron nicht gleichzeitig lokalisieren (seinen aktuellen Ort feststellen) und seinen Impuls messen. Das gilt für alle komplementären Eigenschaften im Bereich der kleinsten Teilchen (Heisenberg'sche Unschärferelation).
Aber solche Feinheiten tun hier erst einmal nichts zur Sache.

Bleiben wir der Einfachheit halber bei dem Modell der zwei Teilchen des Wasserstoffatoms, seinem Proton und seinem Elektron. Stellt man sich vor, das Proton wäre etwa so groß wie eine Kirsche, dann wäre das Elektron noch viel kleiner als nur stecknadelkopfgroß.
Entscheidend aber ist, das Elektron flöge in diesem Bild in ungefähr zwei Kilometer Abstand um das Proton herum. Und zwischen dem Proton und „seinem" Elektron befindet sich *nichts*, rein gar *nichts*, *keinerlei Substanz.* Hans-Peter Dürr sprach nur von *„Beziehungen"* und sein „physikalischer Großvater", der deutsche Physiker *Werner Heisenberg (1901-1976)*, sprach von *„Wirkungen"*.

Fakt ist, jedes Atom ist im Grunde ein riesiger „leerer Ball ohne genaue Außenhaut und ohne echte Substanz zwischen den sich darin befindlichen Teilchen". Alles hält dann irgendwie zusammen. Tatsächlich existieren lediglich Kräfte. Man bezeichnet sie als starke und schwache Kernkräfte. Irgendwie sind sie da und halten alles zusammen, äußerst exakt und *mathematisch genau*. Von diesen Kräften – oder eben *Wirkungen* oder *Beziehungen* – weiß bloß niemand, was sie eigentlich ausmacht.
Jedes Atom im ganzen Universum ist im Grunde genommen für sich ein *„Hauch von Nichts"*. Das dennoch alles zusammenhält, was dann wiederum aus solchen Atomen entsteht und besteht, liegt allein an diesen „geheimnisvollen Kräften". Obwohl sie messbar und exakt zu berechnen sind, also auch ganz real existieren müssen; Für sie gibt es keine (substanzielle) Erklärung. Sie gäbe es erst dann, würde man (endlich) den genauso auch von Prof. Hans-Peter Dürr geforderten

Paradigmenwechsel vollziehen. Das hieße, Informationen oder ganz allgemein, alles „Informationelle", grundsätzlich als genauso *real existent* zu akzeptieren wie Planeten, Sonnen, Steine, Pflanzen oder einfach alles Physikalische, also zum Beispiel uns Menschen.

Wir alle, Sie und ich genauso wie alle Himmelskörper im Universum, sind aus materieller Sicht bloß ein *„Hauch von Nichts"*.
Wir alle fühlen uns nur deshalb „im Zwischennichtsbereich" ganz anders an – je nachdem als hart oder weich – weil wir alle und alles in physikalischer Hinsicht aus exakt demselben „Schrot und Korn" sind und alles wie Schlüssel und Schloss genau zusammen passt.
Darüber hinaus könnte man sich jedoch auch, zumindest aus rein mathematischer Sicht, ganz problemlos unzählige andere Teilwelten in dieser ganzen, eigentlich völlig unfassbaren Welt vorstellen.
Wir sprechen ja schon mit gewissen Einschränkungen, wenn wir das Universum meinen, da wir nur das Materielle darin sehen.
Womöglich gibt es aber noch so unglaublich viel mehr, von dem wir gar nichts merken, ja auch gar nichts merken können. So lassen wir unser Denken oft in dieser Beschränktheit zurück. Natürlich können wir solch mögliche, durchaus viele „Teilwelten" dieser Welt, weder sehen noch irgendwie messen, weil ja sowohl unsere Sinnesorgane, als auch ihre von uns „verlängerten physikalischen Geschwister", also vom Mikroskop bis zum Teleskop, ebenfalls aus demselben Schrot und Korn gemacht sind. Deshalb können wir das ebenso wenig wahrnehmen. Das klingt unfassbar, ist aber dennoch denkbar und durch viele Hinweise sehr plausibel gestützt. Ich nenne solche denkbaren „Parallelwelten" einfach *„phasenverschoben"*.

Mit physikalischen Methoden sind wir also gar nicht in der Lage zu ermessen, was es außerhalb der rein physikalischen Welt so alles noch geben könnte und, wie ich überzeugt bin, wohl auch gibt.
Wir sind deshalb nicht in der Lage – und viele von uns leider nicht einmal willens – zu begreifen, dass das Eigentliche dieser Welt vermutlich *kaum der von uns sinnlich wahrnehmbare Teil* ist.

Daneben scheint es einen sehr viel größeren Teil zu geben, eben die unermesslich große Welt des „Informationellen". Sie aber gehört zu dem _un_physikalischen Teil der Welt, bildet jedoch, wie es scheint, die wahre Grundlage des Universums.

Und sie steuert obendrein ganz entscheidende Zusammenhänge mit größter mathematischer Genauigkeit (siehe auch Teil 2).

Auch ist die „informationelle Welt" die stärkere Realität, so wie in der Mathematik die „Welt der negativen Zahlen" die „stärkere Realität" ist. Sie ist stärker als die der „positiven Zahlen" am Ende einer „Entwicklungsreihe", die von einer „Welt der imaginären (komplexen) Zahlen" ausgeht und über die „Welt der negativen" hin zur „Welt der positiven Zahlen" führt (siehe Teil 2).

Um die eigentliche Größe unserer Welt auch nur annähernd fassen zu können, müssen wir die Physik übersteigen und lernen, auch über die Tellerränder ganz verschiedener, ja aller Fachbereiche zu schauen. Ebenso müssen wir lernen, „metaphysisch" zu denken.

Dazu besitzen wir unseren „Verstand" oder, wie der berühmte deutsche Philosoph _Immanuel Kant (1724-1804)_ in den 1780er Jahren gesagt hat, unsere „Vernunft". Zunächst gilt es immer, alle verschiedenen Phänomene und Beobachtungen sowie Messungen zu sammeln, sie dann miteinander abzuwägen und daraus möglichst „vernünftige" Schlüsse zu ziehen. So gewinnen wir neue Erkenntnis.

Weder religiöse Überzeugungen noch rein naturwissenschaftliche Ergebnisse allein können uns zu diesem Erkenntnisgewinn führen.

Allein „unsere Vernunft" _(logos)_ kann das, so Immanuel Kant.

Kant erkannte auch, dass „Vernunft" uns zwar gegeben sein kann. Keineswegs jedoch kann sie von unserem materiellen Gehirn produziert worden sein: Chemische Stoffmischungen in einer Fabrik produzieren auch keinen Chemiker.

Kant ging aber noch einen entscheidenden Schritt weiter; denn er erkannte auch, dass es sich bei unserer Vernunft, bzw. unserem Verstand, keineswegs um etwas Kollektives handelt, also _keine Art „Kollektiver Vernunft"_, ähnlich wie das „Kollektive Unbewusste" in der Vorstellung von Carl Gustav Jung[19], das nur „herausgekitzelt" werden muss, aber im Grunde jedem gleichermaßen innewohnt.

Nach Kant ist „Vernunft" eine rein *individuelle Eigenschaft"*, bei dem einen mehr, beim anderen weniger ausgeprägt, aber bei allen rein individuell und in gewissem Umfang trainierbar. Dem liegt auch ein individueller Lernprozess zugrunde. Ich komme darauf zurück.

Und welchen Schluss ziehen wir nun daraus?

Vernunft (oder Verstand) sind wichtige Attribute unserer „geistigen Fähigkeiten". Dabei handelt es sich um „immaterielle Werte".

Sie gehören zum „informationellen Teil" dieser Welt.

Wir Menschen (so wie auch alle Tiere, natürlich abgestuft nach ihrem jeweiligen Entwicklungsstand in der Evolution des Lebens) gehören also schon immer beiden Welten an, die unser Universum in Wahrheit ausmachen: Wir sind sowohl Teil der größeren, auch allem Physikalischen letztlich stets voranstehenden, geistigen oder „informationellen" Realität oder Welt. Zugleich sind wir natürlich auch Teil der sich damit und daraus herausbildenden physikalischen oder materiellen Welt, d.h. dem Teil der ganzen Welt, den viele dann fälschlicherweise als einzig real existent behaupten.

Ich hatte es schon mal kurz erwähnt:

Bereits die alten großen Philosophen Chinas wie Laotse[20] und Konfuzius[21] erkannten den sich gegenseitig stützenden und befruchtenden polarsymmetrischen Dualismus in der Welt und schufen dafür das Bild zweier sich gegenüberliegender Flammen Yin und Yang, bei der jede auch einen Teil der anderen besitzt (Abb. 1 und 8).

Abb. 8: Yin und Yang

Geistige (oder informationelle) Welt ist *ein* Teil dieser ganzen Welt, das physikalische Universum ist der *andere*. Sie beide verhalten sich zueinander gegensätzlich und spiegelbildlich: polar-symmetrisch.

---

[19] Carl G. Jung (1875-1961), Schweizer Psychiater, Begründer der analytischen Psychologie
[20] Laotse, 6. Jhd. v.Chr., chinesischer Philosoph
[21] Konfuzius, 551-479 v.Chr., chinesischer Philosoph und Sozialethiker

44

Sie stützen und befruchten sich dabei gegenseitig. Der materielle (oder physikalische) Teil zeigt grundsätzlich *zyklische Verläufe*, der immaterielle, informationelle Teil dagegen *lineare Verläufe*. Auf der physikalischen Seite ist alles *endlich und begrenzt*, auf der nicht-physikalischen, immateriellen oder informationellen Seite dagegen *unendlich und unbegrenzt*. Auf jeder Ebene der Entwicklung finden sich stets beide polar-symmetrischen Ausprägungen wieder. Beide sind stets Teil derselben Medaille mit veränderlicher Dominanz.

Information und Materie sind polar-symmetrisch

Der Lauf alles Materiellen im Universum ist von *endlicher* Natur und verläuft *zyklisch*: Himmelskörper jedweder Art entstehen, wachsen heran bis zu ihrem Zenit, den sie vielleicht sogar viele Milliarden Jahre mehr oder weniger konstant erhalten. Irgendwann geht es für sie alle aber dann wieder bergab. So wird auch unserer Sonne in ein paar Milliarden Jahren einmal der Brennstoff ausgehen. In relativ kurzer Zeit wird sie sich dann noch einmal zu einem noch viel größeren Feuerball aufblähen, dem „Roten Riesen", der seine ihm nächsten Planeten, vielleicht auch die Erde, dabei verschlingen wird. Nach ihrem endgültigen Ausbrennen wird sie dann in sich zusammenfallen zu einer Sternenleiche, einem Weißen Zwerg.

Im Vergleich zu anderen Sternen ist unsere Sonne klein und hat nur eine geringe Masse. Sterne mit sehr großer Masse werden sich zu Überriesen aufblähen und irgendwann explodieren. Dann spricht man von einer Supernova. Die Kerne kleinerer Sterne unterliegen einem extremen Druck, wodurch die Elektronen der Atome dann in ihre Protonen gepresst werden. Sie verwandeln sich in Neutronen, wodurch sogenannte Neutronensterne mit kleinen Durchmessern und sehr großen Drehimpulsen entstehen: Sie rotieren also sehr schnell. Die Kerne größerer Sterne werden bei noch viel höherem Druck so stark zusammengepresst, dass am Ende nur noch ein extrem kleines Stück Materie mit extrem hoher Dichte und folglich extrem starker Schwerkraft (Gravitation) verbleibt. Dieses unfassbar kleine Etwas nennt man (unzutreffenderweise) „Schwarzes Loch".

Manch ein Physiker würde die von mir hier dreimal verwendeten Worte „extrem" gerne vielleicht durch „unendlich" ersetzen wollen. Unendlichkeit gibt es in der Physik aber nicht.
Daher wäre das falsch. Insofern ist auch der Begriff „Loch" falsch; denn das kann es nicht sein. Tatsächlich muss eine, wenngleich nur noch winzig kleine, aber ungemein verdichtete Masse verbleiben, die dann eine extrem große Anziehungskraft besitzt (Gravitation).

Ähnlich zyklische Verläufe von Entstehung oder Geburt, Wachstum bis hin zum Zenit oder Maximum, gefolgt von einem mehr oder minder langsamen Abbau bis zu ihrem Vergehen oder Tod, nehmen ausnahmslos alle physikalischen Objekte. Das gilt somit auch für alle lebenden Körper, für unseren ebenso. Wie sagt es ein bekanntes Sprichwort daher treffend:? Das ist der Lauf aller DINGE...
Jeder Mensch wird gezeugt und nach etwa neun Monaten geboren. Er wächst heran und erreicht im jungen Erwachsenenalter seinen körperlichen Zenit. Scheinbar bleibt man für ein paar Jahre auf recht stabilem Niveau. Tatsächlich geht es schon bald für jeden körperlich abwärts, zunächst meist kaum merklich und langsam, später jedoch immer schneller. Am Ende wartet dann auf jeden Einzelnen sein Tod. Doch auch das spiegelt *nur eine Seite der Medaille* wider.
Es gibt noch eine andere: Die Eckpunkte der anderen Seite müssen sich dann zur ersten, körperlichen (physikalischen) Seite des SEINs auf jeder weiteren Ebene der Existenz polar-symmetrisch verhalten. Das aber heißt, dass das, was *begrenzt* ist (Körper), *unbegrenzt* wird (Seele), und das, was *endlich* war (das Leben „im Hier und Jetzt"), aus unserer Sicht *unendlich (oder „endlos") und ewig* wird.
Die *zyklische* Entwicklung alles Körperlichen im „Hier und Jetzt" findet zwar mit dem Tod ihr Ende. Die bis dahin vorangeschrittene Entwicklung des „informationell Geistigen" war jedoch schon immer *linear* aufwärts ausgerichtet und wird sich daher auch unvermindert fortsetzen (siehe auch Teil 2).

Modernes Zeitgeist-Credo

Für die meisten Zeitgenossen gerade in den „westlichen Ländern" und in solchen, in denen sozialistisches Gedankengut im Geist des gesellschaftlichen Denkens weiterhin vorherrscht, dürften nicht alle meine Ausführungen leicht zu verdauen sein. Dagegen stimmen Anhänger manch esoterischer Vorstellungen eher schnell zu, ändern dann aber oft ihre Meinung, wenn ich sie auch auf Konsequenzen aufmerksam mache, die sich daraus für ihr Weltbild ergeben, ihnen dann aber nicht mehr unbedingt so recht dahinein passen.

Religiöse Menschen sind manchmal von den Vorstellungen ihrer Glaubensgemeinschaften und Kirchen so stark eingenommen, dass sie in meinen Gedanken im schlimmsten Fall ein Sakrileg sehen.

Kurzum, mit meinen bisherigen Ausführungen habe ich es sicher nicht immer einfach, gehört zu werden, wie ich im Laufe des letzten Vierteljahrhunderts wiederholt feststellen musste.

Dennoch glaube ich, auf dem richtigen Weg zu sein.

Gerade die aktuelle „Corona-Krise", welche die Welt nun seit über einem Jahr in sehr vielen Bereichen äußerst strapaziert und viele Menschen in Atem hält, macht mir deutlich, dass es mit Aufklärung und Wissenschaftlichkeit und damit begründeten Weltvorstellungen nicht immer gar so viel auf sich haben kann.

Tatsächlich zeigen sich auch „aufgeklärte" und „der Wissenschaft" vermeintlich verhaftete Menschen aktuell oft mit Scheuklappen behaftet, den Tunnelblick schön fest vor sich und allen möglichen Fakten gegenüber ziemlich resistent.

Solche Fakten zeigen sich zumeist in Zahlen und Daten. Sie werden dann statistisch ausgewertet und bildlich in Kurven und Grafiken umgesetzt. Das hilft der Anschauung, setzt aber auch voraus, dass man sie nicht selektiv bearbeitet und, wie leider oft, entsprechend persönlicher Vorstellungen und Vorab-Überzeugungen manipuliert.

Vorsicht ist also die Mutter der Porzellankiste und bei jeder Statistik unbedingt angebracht. Auf den früheren britischen Premierminister *Winston Churchill (1874-1965)* schiebt man gemeinhin das etwas abgewandelte Zitat „traue keiner Statistik, die du nicht selbst gefälscht hast". Doch aus das scheint nicht zu stimmen.[22]

Gezielte und zugleich sehr subtile Manipulationen von Statistiken gehören zum Alltag staatlicher Propagandamaschinen und leider oft auch großer Leitmedien, die sie dann wirksam verbreiten. Auch aktuell findet man das leider nicht selten in stattlicher Auswahl.

Folglich lassen sich sehr viele Bürger leicht manipulieren, wenn man es nur darauf anlegt und richtig umzusetzen weiß. Corona scheint mir ein Beispiel dafür zu sein und bringt so erwünschtermaßen ein wenig faden Beigeschmack, passend zu diesem Buchkapitel. Sein Titel „Modernes Zeitgeist-Credo" weist darauf hin, dass wir selbst heutzutage fast täglich viele Vorstellungen als gesichertes Wissen serviert bekommen, die es tatsächlich nicht sind.[23]

Über die kosmologischen Hintergründe unseres Universums möchte ich an dieser Stelle nicht weiter sprechen und überlasse es dem Leser, sich entsprechenden Kapiteln in früheren Büchern von mir zu widmen. Nur so viel sei angemerkt: Das Universum, so wie wir es heute kennen (wollen), muss danach im Wesentlichen vor ca. 13,8 Milliarden Jahren in einem unvorstellbar winzigen Sekundenbruchteil entstanden sein *(„inflationäre Phase")*. Der Ursprung des Ganzen wird in einer *„Singularität"* vermutet, in der *„Quantenfluktuationen"* denkbar gewesen seien, da es „Nichts" nicht gäbe.

Ohne näher darauf näher einzugehen, sei aber soviel angemerkt: Derart ultrakurze Entstehungszeiten in so unvorstellbar kleinen Bruchteilen von einer Sekunde lassen sich natürlich wissenschaftlich niemals beweisen – egal von was, und das insbesondere nicht nach 13,8 Milliarden Jahren. Dies muss also für immer pure Spekulation allein auf Basis von Computermodellen bleiben. Damit jedoch ist das sicher keinen Deut besser als vieles in der Esoterik, dem wohl ohnehin renitentesten Feindbild genau solcher Wissenschaftler.

---

[22] nach Werner Barke, „Ich glaube nur der Statistik, die ich selbst gefälscht habe" (2004)

[23] Credo (lat.): „ich glaube", von credere = glauben. Im deutschen Sprachgebrauch heißt Credo soviel wie Glaubensbekenntnis

Auch eine „Singularität" passt überhaupt nicht dazu; denn sie bedeutet eine *„Unendlichkeit"*, die es in der Physik nicht gibt – und damit nirgendwo im materiellen Universum geben kann. Nur dass es kein Nichts gäbe, ist physikalisch richtig; denn damit wären wir ja im Grunde wieder der Singularität nahe.

Jedoch gibt es sehr wohl „Nichts" in der Mathematik, beschrieben durch die *Null*. Sie ist ein „geistiger" oder *„informationeller Platzhalter für Nichts"* und zugleich die Spiegelachse für die zwei bereits erwähnten Zahlenwelten, negative und positive Zahlen.
In der Praxis sind diese „Informationen" allgegenwärtig, und ich lege nahe, sie als *real existent* zu betrachten.
Da es für diese Annahme schlüssige Hinweise in großer Zahl gibt, scheint mir das sehr viel weniger spekulativ, als die ansonsten bislang stets als „Wissen" deklarierten Vorstellungen zu Entstehung und Existenz unseres Universums.
Die sogenannten „Quantenfluktuationen" sind übersetzt womöglich nichts anderes als Ausdruck einer *„Dynamik von Informationen"*.
Das bräuchte auch keinerlei „Raum" in dem uns bekannten Sinne vor dem vermeintlichen Urknallszenario.

Ähnlich kann man an dieser Stelle die aktuellen Eckpunkte angehen, die unser Universum nach heutiger Ansicht braucht, um so, wie wir es tatsächlich beobachten, überhaupt existieren zu können.
Sind da doch „Dunkle Materie" und „Dunkle Energie"[24]:
Die solchen Behauptungen zugrunde liegenden Phänomene sind schnell erklärt. Das Universum dehnt sich wohl immer weiter aus. Doch nicht die Galaxien selbst streben auseinander, sondern ganze Galaxienhaufen fliegen immer schneller voneinander weg. Manche vergleichen das Universum daher mit einem Rosinenteig:
Die Galaxienhaufen sind die einzelnen Rosinen. Wenn sich der Teig nun beim Backen aufbläht, driften sie immer weiter auseinander.

---

[24] Für die „Entdeckung" der „Dunklen Energie" erhielten die drei Wissenschaftler Saul Perlmutter, Brian Schmidt und Adam Riess 2011 sogar schon den Physik-Nobelpreis

Ein Ende der Expansion unseres Universums, wie es früher einmal diskutiert wurde, scheint es aber wohl doch nicht zu geben. Ganz im Gegenteil: Die Ausdehnung nimmt sogar wohl an Geschwindigkeit noch zu, wie man zu wissen meint.

Das ist jedoch äußerst rätselhaft; denn eigentlich müsste die Schwerkraft aller Massen (hier: die Rosinen) genau das Gegenteil bewirken und so irgendwann einmal alles wieder zusammenziehen. Auch jeder Ball, den man von der Erde in die Luft wirft, fällt ja durch die Schwerkraft (Gravitation) wieder auf den Boden zurück.

Deshalb scheint es noch eine weitere Kraft geben zu müssen, die wir bisher zwar weder messen, noch gar sehen können:

Die Physiker nennen sie „Dunkle Energie".

Sie soll für die immer schnellere Expansion des Kosmos sorgen.

Auf der anderen Seite ist aber selbst die gesamte sichtbare Masse „aller Rosinenhaufen zusammengenommen" im Universum viel zu klein, um so zu erklären, warum etwa Galaxien nicht auseinander fliegen, wenn sie sich doch so schnell drehen, wie es der Fall ist.

Durch jede Drehung entsteht schließlich eine andere Kraft, die der Schwerkraft entgegengesetzt ist, die Flieh- oder Zentrifugalkraft.

Das kennt man zum Beispiel von einer Schokoladenschleuder: Indem man etwas Schokolade in Formen gibt, die anschließend geschleudert werden, entstehen die so beliebten, innen hohlen Osterhasen und Weihnachtsmänner. Daraus schließt man, dass es neben der bekannten, sichtbaren Materie noch viel mehr Masse geben muss, die selbst Schwerkraft ausübt. Da wir sie aber ebenso weder messen noch gar sehen können, sprechen wir von „Dunkler Materie". Nur damit ließen sich die tatsächlich zu beobachtenden Bewegungsmuster und Strukturen erklären, so meint man heute.

Wenn man sich nun das ganze Universum vor Augen hält, dann ist nur etwa 5% sichtbare Materie. Weitere 20% sind „Dunkle Materie" und 75% müssen „Dunkle Energie" sein oder auch, mal salopp und simpel formuliert: Von über 95% des ganzen Universums wissen wir überhaupt nichts. Tatsächlich hat man dazu also nur spekulative Ideen. Dennoch stilisiert man sie längst zu essentiellen oder, wie man heute gerne sagt, zu „systemrelevanten" Säulen des Wissens hoch und baut sich so das aktuell moderne Weltbild. Auf diese Art und Weise ließe sich heute fast alles plausibel erklären. Natürlich braucht man auch „Gott" nicht mehr: Ähnlich formulierte es schon einmal vor über 200 Jahren der französische Mathematiker *Pierre-Simon Laplace (1749-1827)*, als Napoleon ihn fragte, wo denn Gott in einem solchen wissenschaftlichen Weltbild noch Platz fände, *„Mein Herr, ich brauche diese Hypothese nicht."* [25]

Im Laufe der letzten 200 Jahre entstand ein rein naturalistisches (materielles) Weltbild. Alles Geistige gilt seither bloß noch als das Produkt von Materie oder, philosophisch abgehoben formuliert, als ein „Epiphänomen" der physikalischen Welt. Das macht Geist zu einem rein zufälligen Nebeneffekt. Was ich davon halte, dürfte wohl inzwischen klar sein: Ich halte das für puren Unsinn.

Fakt ist natürlich: Materie entsteht grundsätzlich zufällig und agiert, bzw. interagiert, zufällig, solange sie nicht lebt.
Zufall gibt es selbstverständlich, wie ich zuvor schon im Kapitel „Von Zufall, Chaos und Ordnung" erläutert habe.
Und doch entsteht auch aus puren Zufällen immer wieder Ordnung. Insofern ist die aus unserer Sicht wohl quälend lange Entwicklungsgeschichte aller „nicht-lebenden" Dinge in unserem Universum nur logisch und zwingend; denn damit aus dem Zufall Ordnung entsteht, braucht es viel Zeit, ja oft gigantische Zeiträume. Das gilt so für alles Körperliche dieser Welt, also alle abgeschlossenen, d.h. endlichen oder dreidimensionalen Strukturen.

Betrachten wir einmal die Entwicklung unserer kosmischen Heimat, den Planeten Erde, und lassen wir auch mal das moderne Zeiten-Credo so stehen, wie es die Wissenschaft verbreitet: Danach bestünde das Universum ca. 13,8 Milliarden Jahre. Vor etwa 4,5 bis 4,7 Milliarden Jahre seien dann zunächst die Sonne und relativ kurz

---

[25] Original: Der französische Astronom Pierre Laplace (1749-1827) antwortete auf die Frage Napoleons, wo in seiner Mécanique céleste (Himmelmechanik) denn Gott noch Platz habe, "Sire je n'avais pas besoin de cette hypothèse".

danach auch die Erde entstanden. Ungefähr eine Milliarde Jahre später soll es das erste Leben auf der neuen Erde gegeben haben und für über weitere 3 Milliarden Jahre war es dann noch sehr einfach und schlicht. Danach aber ging es bald Schlag auf Schlag: In den letzten nur 500 Millionen Jahren bis heute entstand im Grunde alles, was heute an Leben existiert und auch all das, was es bereits früher einmal gab, aber schon lange nicht mehr gibt.

Die Dinosaurier traten zum Beispiel vor etwa 250 Millionen Jahren auf und sind vor ungefähr 60 Millionen Jahren wieder komplett ausgestorben. Auch wenn es zur späten Saurierzeit bereits Spuren von Säugetieren gegeben hat, so richtig in Gang kamen sie erst nach dem großen Sauriersterben. Die ersten Menschenaffen vermutet man mittlerweile seit 15 bis 18 Millionen Jahren und die ersten Menschen auch schon seit mehr als einer Millionen Jahren. Auch der Mensch brauchte somit sehr lange, um sich zu „zivilisieren".

Der Steinzeitmensch lebte vor etwa 10.000 Jahren. Bis heute sind das nur ungefähr 400 Generationen.[26]

Zur Entstehung und Entwicklung des Lebens brauchte es anfangs riesige Zeiträume. Erst ganz allmählich, später dann jedoch immer schneller, entstanden immer komplexere und dazu noch immer kompliziertere Lebewesen – und das vor allem auf immer höherem „geistigen Niveau". Doch selbst zwischen dem „geistigen Niveau" des Steinzeitmenschen und dem bei vermutlich recht vielen von uns heute scheint noch ein weiterer und besonders großer Sprung in der Entwicklung des Menschen vollzogen worden zu sein.

Warum aber gibt es derart riesige Zeitdifferenzen in der Evolution? Warum brauchte die Entwicklung des Körperlichen vom Einzeller über alle möglichen Pflanzen und Tierformen bis zu uns Menschen mehrere Hundert Millionen Jahre? Danach unterscheidet sich der heutige Mensch von seinem Vorfahr, dem Steinzeitmenschen, der vor 10.000 Jahren lebte, also gerade mal 400 Generationen, rein körperlich praktisch überhaupt nicht mehr.

---

[26] Man rechnet mit 25 Jahren pro Generation

Und selbst die Gehirne von damals und heute sind anatomisch kaum zu unterscheiden: Zwischen dem Steinzeitmenschen und uns hat sich das menschliche Gehirn kaum verändert.

Dennoch findet in diesem kurzen Zeitraum eine Art Quantensprung statt. Und innerhalb dieser schon vergleichbar kleinen Zeitspanne zeigte sich der größte Sprung dann wohl ziemlich unbestritten erst in den letzten 100 bis 200 Jahren. Schaut man hier genauer hin, so scheinen diese Sprünge beim Menschen doch rein geistiger oder informationeller Natur zu sein und sind auch nicht bei jedem gleichermaßen zu erkennen. Während man also keine signifikanten materiellen (substanziellen) Veränderungen finden kann, zeigen sich mittlerweile zweifelsfrei große Unterschiede allein auf geistiger oder, wie ich es allgemein nenne, auf rein „informationeller Ebene". Evolution gibt es zwar noch am Menschen, in wachsendem Maße aber zwischen den Menschen.

Selbst wenn sich bei Experimenten hier und da einfache „geistige Inhalte" mal in physikalischen „Engrammen" manifestieren und provozieren lassen, so bleibt doch fast alles, was wir *mit* unserem Gehirn im Alltag und darüber hinaus leisten, sprichwörtlich im Dunkeln. Auch mit der Größe des Gehirns hat seine Leistung rein gar nichts zu tun. So sind die Gehirne von Walen und Elefanten größer als die der Menschen, doch sind sie ihm geistig deshalb nicht überlegen. Selbst wenn bei einem Menschen die Hälfte des Gehirns fehlt, muss er deshalb gegenüber anderen nicht eingeschränkt sein, wie viele Zufallsbefunde schon oft beweisen konnten – zumindest gilt das immer dann, wenn der Massenschwund im Gehirn nicht plötzlich zustande gekommen ist. Anatomische Untersuchungen des Gehirns und seiner Teile zeigen außerdem, dass die Nervenbahnen ganz simpel bloß in den drei Richtungen des Raums verlaufen.

Wir wissen bis heute auch nicht, was unser „Ich" ausmacht, wie unsere „Persönlichkeit" zustande kommt und was sie ist? Und wo ist das „Bewusstsein" lokalisiert? Es gibt schlichtweg keine Bereiche *im* Gehirn, die für solche Aspekte verantwortlich sind. Man kann immer nur sagen, dass ein Bereich an einer Funktion beteiligt ist.

Beispiele von etwa am Kopf zusammengewachsenen siamesischen Zwillingen, die sich große Areale ein und desselben Gehirns teilen und dabei sogar noch solche, die man gemeinhin für „Produzenten des Ichs" hält, sprechen eine andere Sprache: Immer handelt es sich um zwei verschieden denkende und fühlende Persönlichkeiten.[27]

Tatsächlich wissen wir überhaupt nichts über solche „Ablagestellen unseres Gedächtnisses". Mit gewissem Recht dürfen wir davon ausgehen, dass es sie *im* Gehirn auch gar nicht gibt.

Alles, was Forscher mit den verschiedensten Experimenten bislang gefunden haben, ist, dass es sehr spezialisierte Bereiche im Gehirn gibt, die mit einzelnen Dingen, die ich hier nur beispielhaft erwähne und die sich noch lange weiter fortsetzen ließen, *irgendwie befasst* sind. Zwar haben sie damit etwas zu tun, stellen aber die nach außen transportierten Eigenschaften und Fähigkeiten nicht her.

Sicher ist unser Gehirn mit einigen Bereichen *auch* Produzent von wichtigen Dingen, so wie etwa von Hormonen in den Hirndrüsen.

Aber für die entscheidenden geistigen Angelegenheiten dient das Gehirn wohl vor allem als komplexe Gerätschaft oder gar als ganzer Gerätepark. Das Gehirn stellt zwar das Piano mit Klaviatur, es ist aber keineswegs mit dem darauf spielenden Pianisten identisch.

Im Jahr 2004 hatten zehn namhafte deutsche Hirnforscher wohl in einer Art „übermütigem Leichtsinn" gemeinsam ein so genanntes *„Deutsches Hirnmanifest"* unterzeichnet. Danach sollten alle die zuvor aufgezählten Fragen und Leistungen und noch viele weitere in den nächsten 10 Jahren durch die Hirnforschung als vom Gehirn produzierte Leistungen entlarvt und beschrieben werden können.

Pustekuchen! Nichts davon hat sich bis heute, mittlerweile schon viele Jahre nach Ablauf dieses Manifestes, bewahrheitet.

Als ich noch in eigener Praxis aktiv war und in meiner OP-Abteilung viel operierte, kam eines morgens eine meiner OP-Schwestern aufgeregt zu mir und meinte, ihr Sohn habe im Biologieunterricht

---

[27] z.B. Lori and Reba (seit 2007: George) Shappell, geb. 1961, Pennsylvania (USA)

seiner Oberstufe von seiner Lehrerin gehört, *„Liebe sei doch bloß Chemie"*.

Dieser Ausspruch habe ihm doch sehr zugesetzt und zuhause hatte er dann seiner Mutter davon berichtet.

Meine Antwort darauf war, diese Lehrerein scheine „arm im Geiste zu sein" und habe von der Welt bis dahin ganz offensichtlich noch nicht sehr viel verstanden.

Warum ist die Evolution mal Schnecke und mal Sprinter?

Zweifelsfrei gibt es eine Evolution „der (körperlichen) Dinge", also etwa von Galaxien, Sternen und Planeten, oder auch von Gebirgen und Gesteinsformationen u.v.m. Die Evolution der „nicht-lebenden" Dinge nimmt riesige Zeiträume in Anspruch.

Demgegenüber gibt es aber auch eine „Evolution des Lebens" und der „lebenden Dinge" oder, wie wir sagen, von Lebewesen..

Zwar handelt es sich dabei auch um materielle Körper (Dinge), nur dass sie auch leben, sich oft selbst bewegen und sich fortpflanzen.

Schon Einzeller leben, Steine leben nicht. Pflanzen leben, Gebirge nicht. Tiere und Menschen leben, Planeten und Sterne aber nicht.

Zwar mögen vorgenannte materielle, aber „nicht lebende" Dinge eine Vielzahl von Voraussetzungen bieten, die alleine oder in ihrer Kombination für „Leben" unersetzlich sind, aber sie selbst leben eben nicht.

Vergleicht man nun die Evolution der „materiellen *und* lebenden" Dingen mit der von den materiellen, aber *„nicht lebenden"*, so kann man sofort erkennen, dass die Evolution der „lebenden Dinge" sehr viel schneller abläuft. Und nicht nur das: In immer kürzerer Zeit entsteht nicht nur immer mehr, rein *quantitativ* betrachtet. Nein, alles wird zugleich auch immer komplexer und komplizierter. In erst recht großen, dann erst allmählich, später immer schneller in immer kürzeren Zeitabschnitten gibt es immer mehr neue Lebensformen und obendrein unglaublich viele *qualitative* Sprünge.

Hatte die Evolution des Universums bis hin zur Entstehung unseres Sonnensystems noch viele Milliarden Jahre gebraucht, so sind vom Beginn des Lebens auf dieser Erde bis heute nur rund eine halbe Milliarde vergangen.

Und während die Evolution für die Entwicklung von Hufen noch etwa 40 Millionen Jahre brauchte, brauchte sie für das wohl ungleich komplexere menschliche Gehirn höchstens ein paar Hunderttausend Jahre, vielleicht sogar noch viel weniger.

Wie ich schon sagte, unterscheidet sich aber der heutige Mensch von seinem Vorfahren in der Steinzeit ganz gewaltig, kaum jedoch, was seine Hardware betrifft, also das Gehirn.

Es sind gerade „geistige" Qualitäten, also „immaterielle" und, ganz allgemein, „informationelle Dinge", die uns von unseren Vorfahren unterscheiden. Dabei ist interessant, dass die Evolution auch jetzt – bei uns Menschen – offenbar keineswegs stehen geblieben ist:

Im Laufe vieler Millionen Jahre entwickelte sich zunächst das einzelne Wesen *nicht unabhängig* von seiner Art fort. Vielmehr umfasste die Evolution immer das gesamte Kollektiv. Doch schon relativ früh wechselte sie das Pferd; denn schon einige Vögel und natürlich vor allem zahlreiche Säugetiere können ganz offensichtlich individuell reifen. So kann beispielsweise ein Fischreiher allein durch Beobachtung lernen, wie Kinder durch Füttern Fische anlocken. Die Reiher klauen den Kindern Brotreste, jedoch nicht zum Fressen, sondern als Mittel zum Zweck. Für sie wird das Brot zum Köder. Dann warten sie, bis ein Fisch kommt, um danach zu schnappen. Schon schlagen sie zu. Das kann aber nur der Fischreiher, der das Füttern beobachtet hat. Er hat jetzt etwas individuell gelernt, weil er auch den Zusammenhang verstanden hat. Somit entwickelt er sich nun individuell weiter mithilfe von Verstand (oder allg. Geist).

Damit unterscheidet er sich aber von seinen Artgenossen. Genauso findet Evolution längst auch zwischen einzelnen Menschen statt.

Evolution ist eben keineswegs mehr eine kollektive Angelegenheit, wie manche Politträumer mit falschen Vorstellungen schon seit gut 200 Jahren immer wieder aufs Neue glauben machen wollen.

Von allen Wesen dennoch abgehoben entwickelt sich der Mensch *individuell*. Und diese Entwicklung ist längst eine *rein geistige*.
Sein individuelles Fortkommen wird zum Vorbild für das anderer. Damit können andere nachziehen, um so auch das Kollektiv daran teilhaben zu lassen. Das nennt man dann Kultur und kulturelle Entwicklung. Es kann nur dann zu kulturellem Wachstum kommen, wenn das bereits weiter entwickelte Individuum seine noch relativ rückständigen Nächsten dahin „mitnimmt". Genau das ist dann aber auch wieder die zwingend notwendige Basis für sein eigenes weiteres Fortkommen. *Kulturelle Entwicklung ist primär also keine kollektive Angelegenheit.*

Schon gar nicht kann eine kulturelle Entwicklung „von oben" und auf Basis „kollektiver Wahnvorstellungen" gesteuert werden.
Überhaupt spielt in der Evolution des Lebens das Kollektiv nur anfangs eine starke Rolle. Mehr und mehr tritt dies aber in den Hintergrund, je stärker und weiter gerade die geistige Entwicklung fortschreitet. Diejenigen, die das heute nicht verstehen und sogar laut das Gegenteil predigen, müssen hier erst an sich selbst kräftig nachbessern; denn damit sind sie sehr wichtige Stufen ihrer eigenen geistigen Entwicklung bislang noch nicht gegangen.
Doch werden sie nicht umhinkommen, genau das zu tun – und zwar möglichst im „Hier und Jetzt"; denn sonst wird ihre Zukunft dereinst einmal eine zeitlang sehr traumatisch sein, worauf ich später noch genauer eingehen werde.

Kultureller Fortschritt ist also das Ergebnis einer zunächst möglichst breiten individuellen Entwicklung, die besonders eine geistige ist.
Die dazu erforderliche Hardware ändert sich kaum und wenn, dann nur im kleinen, mikroskopischen Bereich durch ein paar schnellere und optimierte Zugriffsmöglichkeiten infolge besserer Verkabelung „für den sie nutzenden Geist".
Die geistige Evolution des Individuums ist also der entscheidende Aspekt und das Thema unserer Zeit.

Sie allein ist es auch, die jede Entwicklung zu immer komplexeren und komplizierteren Lebensformen durch bessere und gesteigerte Interaktion mit ihrer Hardware ermöglicht. Natürlich geht das nicht auf materiellem Weg: „Elektromagnetische Zugriffe" sind folglich ausgeschlossen. Hier macht die Physik zu recht nicht mit.

Aber auch das Universum entstand einmal vielleicht durch einen Urknall oder, wie ich glaube, über lange Zeiträume vielfach und das immer noch andauernd, allein durch das Wirken von Information.

Im Johannesevangelium heißt es wohl zutreffend „Am Anfang war 'Logos'", von *Martin Luther (1483-1546)* übersetzt mit „das Wort". Vielleicht entspricht das heute genau den „Quantenfluktuationen" der Physiker; denn „Logos" ist auch ein Synonym für „Information". So wie Information die Bildung von Materie erwirkt, so ähnlich wirkt Information auch direkt auf das Gehirn und bewirkt eine Evolution des Geistigen oder allgemein, des „Informationellen". Genau das führt dann wiederum zu einer bald beschleunigten Evolution aller, in wachsendem Maße mit Geist ausgestatteten, lebenden Körper.

Die Evolution der materiellen, aber *lebenden* Dinge hebt so in einem bestimmten Moment von der aller *„nicht-lebenden"* Dinge ab: Zunächst ganz allmählich und kaum merklich, dann aber langsam immer stärker beschleunigend und so schließlich immer schneller, wird sie zu einer Evolution auf einem ganz anderen Niveau: auf dem Niveau des rein „Informationellen" oder „Geistigen".
Zugleich tritt damit das rein Körperliche in den Hintergrund.

Auch die offensichtlich materiellen, aber „nicht-lebenden" Dinge besitzen schon von Anfang an diese zweite Seite der Medaille, die polarsymmetrische Seite des Informationellen. Selbst Planeten und ganze Galaxien scheinen ja irgendwie zu „wissen", wie sie zu fliegen haben. Und, wie ich bereits erläutert habe, lassen sich kleinste, miteinander selbst über gewaltige Strecken verbundene oder, wie man in der Physik sagt, verschränkte Teilchen immer in derselben Weise nachweisen; denn fängt man eine der beiden Formen aus ihrer „Verschränkung" ein, bzw. misst man sie, dann kann man –

und das ganz gleich wo sonst im ganzen Universum – nur noch die andere Form einfangen bzw. messen.

Dieses „Wissen" ist integraler Bestandteil des „Informationellen", also der nicht-materiellen, anderen Seite dieser Welt.
Sie allein bestimmt, was, wann, wie und wo grundsätzlich möglich ist und miteinander harmoniert bzw. existiert. Sie ist die Basis aller fundamentalen Eckdaten im ganzen Universum, so, wie wir es erleben, messen und beobachten können. Ihr liegen elementare mathematische Logik und einfache geometrische Zusammenhänge zugrunde. Auch das alles ist „Logos".
Im Laufe riesiger Zeiträume entwickeln sich erst die „materiellen, aber „nicht-lebenden Dinge". Auch sie haben eine „informationelle" Seite. Sie gibt den Rahmen vor und nimmt auf die materielle Seite Einfluss. Zugleich durchläuft sie ihre eigene Evolution. Übersteigt irgendwann der Reifegrad des „Informationellen" („Geistigen") den des rein Materiellen, kommt es dort zu einer neuen und höheren Ordnung und Struktur: Es entsteht „Leben". Das heißt, es entstehen auch materielle, nun aber zugleich *lebende"* Dinge; denn „Leben" ist *„kontinuierlich"*, was keine physikalische Eigenschaft ist, sondern eine rein „geistige oder informationelle Eigenschaft".
In der Physik der materiellen, jedoch „nicht-lebenden" Dinge gibt es *keinerlei Kontinuität* – nirgendwo und selbst dann noch nicht, wenn man mit speziellen Interpretationen das gerne verwässern will. [28]
Die Physik ist die Lehre des „Diskontinuierlichen" oder, nach *Max Planck* des „Gequantelten", also die Lehre von kleinsten Teilchen oder Quanten. Allein die Mathematik stellt die Verbindungen her und gibt ihnen Kontinuität. Die Physik bildet das ab und spiegelt so real existierende, elementar-mathematische Grundlagen wider.

Damit kommt ein sehr interessanter Aspekt zum Vorschein: Wenn das Universum so, wie es heute zumeist dogmatisch gelehrt wird, mit einem Urknall vor 13,8 Milliarden Jahren geboren wurde, was

---

[28] Beispiel: Welle-Teilchen-Dualismus von Licht, siehe früheres Kapitel.

war davor und woraus entstand es, wenn es auch einen kosmischen Raum zum Zeitpunkt eines solchen Urknalls noch nicht gab?

In dieser Frage wird natürlich unterstellt, der kosmische Raum ist eine Art materielle Eigenschaft, bzw. er ist etwas Materielles.

Mir scheint das ein fundamentaler Irrtum zu sein; denn, wie jeder erfahren kann, so auch ein Lichtteilchen oder „Photon", muss der kosmische Raum schon primär Kontinuität besitzen. Er kann nicht gestückelt oder gequantelt sein oder einfach diskontinuierlich.

Aus diesem Grund dichtet man einem Lichtteilchen die aus rein physikalischer Sicht kaum verständliche Doppelnatur an, „Welle und Teilchen zugleich" zu sein. Dies bewirke die Kontinuität des Raums.

Nein, unser kosmischer Raum war schon immer kontinuierlich, weil er kein materieller Raum ist. Vielmehr ist er schon immer rein geistig oder, allgemein formuliert, „informationell" zu verstehen.

Praktisch kann man ihn sich vorstellen wie ein *ins Unendliche wachsende, vierdimensionales Koordinatensystem.*[29]

„Und in ihm und mit ihm" entsteht daher wohl laufend „Materie", also nicht nur ein einziges mal durch einen Urknall. Ursache für das Entstehen von Materie scheint dann tatsächlich das, was Physiker glauben: sogenannte Quantenfluktuationen. Sie sind unsichtbar und haben keine materiellen Eigenschaften. Letztlich sind sie nichts anderes als „Informationen" eines real existenten, kontinuierlich wachsenden kosmischen Raums, den wir das „Universum" nennen. Doch ist er rein „informationeller" Natur, und folglich schon immer und überall ein *kontinuierlicher* Raum.

Man muss sich einfach darüber klar werden, dass Kontinuität stets eine Eigenschaft des „Immateriellen" ist. Das gilt somit auch für den kosmischen Raum, den wir Universum nennen. Damit wird es jedem sofort einleuchten, dass auch Leben kein Produkt der materiellen Welt sein kann; denn Leben ist kontinuierlich. Selbstverständlich ist Leben also selbst eine weitere Eigenschaft des „Informationellen".

---

[29] Dazu siehe ausführliche Herleitungen in zahlreichen Büchern von mir seit 1999.

Anders formuliert lässt sich sagen: Leben ist eine *geistige Kraft* – oder auch: *Leben ist die Kraft des Geistes oder des Geistigen.*
Die *Kraft auf der materiellen Seite nennen wir Energie*:
Der berühmte Physiker *Albert Einstein (1879-1955)* sagte dazu einmal treffend: *„Energie ist eingefrorene Materie".*
In ähnlicher Weise ist *„Geist" eine Art „gebundenes Leben".*
Geist zeigt sich durch im Laufe von Leben entwickelte „komplexe Informationscluster".

Die Reifung alles „Informationellen" geht anfangs Schritt für Schritt und noch weitgehend parallel mit der Entwicklung des Materiellen mit, solange es noch nicht lebt. Mit Auftreten von Leben entkoppelt sich diese Parallelität. Erst langsam und kaum erkennbar, bald jedoch immer stärker beschleunigend entfernt es sich vor allem qualitativ von dem Gleichschritt und bildet seine eigenen Systeme.

Am Anfang des Lebens – typisch für alles in der Physik – gibt auch hier zunächst der Zufall vor, was sich wann, wie entwickelt. Dazu hat man für die Evolution des Lebens den Begriff der „Mutation" geprägt. Doch die Macht des Zufalls – so also auch die von allen Mutationen – nimmt mit wachsender Reifung des Informationellen erst sehr langsam, dann jedoch immer schneller ab.
Je höher Leben geistig steht, desto erfolgreicher widersetzt es sich dem Zufall und steuert schließlich sogar seine eigene Evolution über die geistige Ebene mehr und mehr – ja sogar interaktiv – mit. Damit bekommt auch der schon lange geprägte Begriff „Epigenetik" eine neue Qualität – und endlich auch eine vernünftige Erklärung.

Interaktionen auf allen Ebenen

Selbst purer Zufall führt also im Laufe von riesigen Zeiträumen stets zu ganz neuer und zugleich höherer Ordnung. Die Zeit hilft dabei mit, jedoch sind unvorstellbar riesige Zeiträume vonnöten. Dagegen verläuft die Evolution des Lebens auf einer rasanten Überholspur:

Gerade Zufälle spielen nach und nach eine immer weniger wichtige Rolle. Vielmehr würden sie bei dem neuen und unglaublich beschleunigten Tempo oft eher schaden und jeder Entwicklung im Wege stehen. Deshalb versucht die Natur sie nicht selten regelrecht auszumerzen und baut auch sehr clevere Sicherungen ein. Eine ganz entscheidende Sicherung habe ich als Erster bereits in meinem Sachbuch „Der Schlüssel zur Ewigkeit (1999) dargestellt: Die Natur schafft eine Absicherung durch einen genetischen Platzhalter-Code. Damit macht sie sehr viele Mutationen von vornherein unschädlich und senkt so auch drastisch das Risiko schwerer Erkrankungen wie etwa Krebs (siehe auch Teil 2, Beispiele aus Chemie und Biologie).

Die Rolle riesiger Zeiträume zur Schaffung von Ordnung aus Chaos durch puren Zufall wird von der Natur ersetzt durch *Vernetzung*. Mithilfe der Bildung gigantischer Vernetzungen innerhalb der neuen lebenden Systeme lassen sich in immer kürzerer Zeit Informationen breit verteilen. Zufällige Ereignisse werden sehr schnell zusammengeführt und mithilfe neuer und speziell angepasster Schaltzentralen verarbeitet. Das wiederum führt dann in immer kürzerer Zeit und in immer größerer Breite zu immer gezielteren Antworten. Sicher hat auch der Zufall noch „seinen Auftritt". Genauso sicher aber wird er immer öfter ausgeschaltet oder kompensiert. Diese Schaltzentren werden bald immer hochwertiger, übernehmen mehr Aufgaben und neue und speziellere Funktionen. Durch Kooperation und zahlreiche Zusammenschlüsse entstehen mit der Zeit auch neue und immer höhere Schalt- und Entscheidungsebenen.

Woran denken Sie jetzt spontan?

Bekanntermaßen gibt es ja schon längst enorme Vernetzungen im Pflanzenreich: So helfen sich in der Erde rasch ausbreitende, riesige Pilzkolonien sehr erfolgreich, indem sie allerlei Nährstoffe, vor allem aber auch sehr nützliche *Informationen*, wie etwa über angreifende Schädlinge, miteinander austauschen. Das kommt allen ansässigen Lebensformen zugute: Man nennt das *Symbiose*.

Bei Tieren bis hin zum Menschen entstehen neben den Symbiosen im „Zwischen-Wesen-Bereich" noch weitere und ganz neue Formen von Zusammenarbeit, nun aber auch individuell: In jedem einzelnen Wesen bildet sich ein mehr oder weniger gigantisches und weit verzweigtes Informations-Leitungs-System.

Ich spreche von einem Nervensystem mit einer schnell wachsenden Zahl zentraler Schaltstellen. Diese verbinden sich zu größeren Einheiten und Zentralen und spezialisieren sich immer mehr auch auf ganz bestimmte Aufgaben.

So entwickelt sich das „Zentral-Nerven-System" (ZNS).

Das ZNS ist zugleich das geeignete und selbst wachsende, materielle Rankgitter für eine lange Zeit parallele Entwicklung des Geistigen.

Allmählich erklimmt aber das ZNS neue und immer höhere Ebenen. Ein wichtiger Punkt muss an dieser Stelle bemerkt werden:

Die Evolution des rein Körperlichen scheint überall ein Weg vieler Sackgassen, mancher Purzelbäume und zeitweiliger Rückschritte, also *zyklisch*, gewesen zu sein. Dagegen muss man die Evolution des ZNS als streng *linear* und konsequent aufwärts gerichtet betrachten. Dies lässt sich sogar anatomisch nachvollziehen: An der Wirbelsäule findet man eine Diskrepanz zwischen der evolutionären Reifung von Rückenmark und der knöchernen Ummantelung: Das Rückenmark beginnt erst oberhalb des ersten Lendenwirbels. Darunter finden sich nur – in der Evolution lange früher entstandene – Nerven, so dass man in der Medizin hier relativ gefahrlos Lendenpunktionen und Leitungsanästhesien vornehmen kann.

So spiegelt auch das Rückenmark die Stammesentwicklung des Menschen wider (Phylogenese). Über große Zeiträume gab es Kommunikation nur über periphere Leitungen, später mit kleinen eingefügten Schaltstellen.

Anfangs wächst das „geistige Potential" noch langsam und zumeist parallel mit den hierfür erforderlichen materiellen Ressourcen. Allmählich jedoch hebt es sich davon ab und divergiert zunächst auch nur im Schneckentempo wachsend, später dann jedoch immer schneller, schließlich exponentiell. Deshalb haben beim Menschen 400 Generationen ausgereicht, um uns aus der Steinzeit zunächst allmählich, später jedoch rasend schnell, in das heutige Zeitalter modernster Technik zu katapultieren.

Das Gehirn, die materielle Grundlage unserer geistigen Entwicklung oder, wie ich es oft nenne, dieser materielle Gerätepark, hat sich dagegen in dieser Zeit kaum wirklich verändert. Zusätzlich treten mit der Evolution des ZNS immer neue Fähigkeiten zutage:

Rückblickend betrachtet könnte man vielleicht folgenden Vergleich ziehen: Das frühe Nervensystem entsprach noch einem uralten Röhrenradio. Mit ihm ließen sich zwar brauchbare Informationen empfangen, doch war es in seinen Leistungen noch minimalistisch und natürlich auch noch nicht zu Interaktionen fähig.

Mit dem eigentlichen ZNS wurde das System schon viel komplexer: Ähnlich wie der neueste Technik-Schrei in den 1950er Jahren, als es Radioschränke mit einem Zehnfach-Plattenwechsler und alten TV-Röhrengeräten für das Wohnzimmer gab, so ist nun auch das frühe ZNS zu ganz neuen, vielfältigeren und besseren Leistungen fähig. Auf der TV-Seite wuchs zugleich aber auch die Programmvielfalt trotz damals erst weniger Sendeanstalten.

Natürlich ist das nur eine Analogie; denn die Natur ist im Vergleich zu allem, was auch wir Menschen so tun, um Welten überlegen.

Aus dem TV als reines Empfangsgerät wurde irgendwann ein PC, zunächst noch ohne direkten Zugang zur Außenwelt. Aber mit ihm konnte man aktiv arbeiten und nicht nur konsumieren. Das Ergebnis solcher Arbeit konnte man sich dann zum Beispiel ausdrucken.

Später kamen erste Telefonmodems auf. So hatte man den ersten interaktiven, sogar papierlosen, wenngleich noch sehr mühsamen und beschränkten Zugang zu einer „äußeren Datensphäre". Sie war zunächst noch wenig beschrieben, aber es gab für sie schon Regeln und Formatierungen. Noch lange musste sie mit vielen nützlichen Daten angereichert werden: So wurde das Internet geboren.

Heute nutzen wir es weltweit und ständig. Ohne Internet kommen viele Menschen schon längst nicht mehr aus. Seine Datenfülle ist durch weltweites Interagieren exponentiell angewachsen und längst unüberschaubar. Fast jeder Mensch nutzt es mittlerweile auch für sich und schafft sich darin seinen eigenen passwortgeschützten Bereich, das *Intranet* – oder, salopp gesagt, sein „Netz im Netz".

Übertragen wir das nun auf die geistige Entwicklung oder allgemein, auf die „Entwicklung des Informationellen" *aller* Lebewesen:
Auch hier mussten allmählich geeignete Geräte geschaffen werden. Sie werden durch das ZNS verkörpert, das mit einfachen Nerven begann, später dann kleine, dann immer größere und zahlreichere Schaltstellen ausbildete und so bis irgendwann hin zu komplexen und hoch komplizierten Schalteinheiten und Zentralen reifte.

Unser menschliches Gehirn stellt dabei einen zumindest vorläufigen Höhepunkt dieser Reifung dar. Doch selbst wenn die Entwicklung der Hardware damit vielleicht abgeschlossen sein sollte, die der sich daraus ergebenden Möglichkeiten ist es noch lange nicht.
Wir Menschen haben da auch wohl nur eine vorläufige Spitze des Eisbergs erklommen, weil unser ZNS ein immerhin für Bewusstsein und Selbsterkenntnis hinreichend ausgereifter, streng hierarchisch angelegter und zentral gesteuerter Gerätepark ist. Mit ihm lässt sich jetzt interaktiv agieren und wir können uns dessen bewusst werden.
Mit dieser Reife scheint unser Gehirn aktuell leistungsfähiger als das aller anderen Wesen auf unserer Erde zu sein.
Mit Erreichen dieser Entwicklungsstufe unseres ZNS sind wir nun sogar selbst in der Lage, uns bewusst unser eigenes „Intranet" in einem „universalen geistigen Internet" *(Outernet)* zu erschaffen.
Auch ohne neue Hardware können wir es ständig erweitern und immer wieder als das Unsrige erkennen.
Wir haben nicht nur, sondern wir *sind* inzwischen unsere eigene „Cloud" und werden uns so immer und überall unserer eigenen Persönlichkeit bewusst, wo diese Cloud existieren kann.

Die gewaltige Vernetzung speziell im Gehirn ist die Basis der informationellen Evolution: Dadurch entwickelt sich alles Geistige, eben das „Informationelle", zunächst lange parallel zur Reifung der Hardware „Gehirn". Mit wachsender Vernetzung wird das natürlich auch schneller und mehr. Bald schon aber klafft eine immer größere Lücke: Trotz gleicher Anatomie wächst das Informationelle, also das Geistige, immer schneller weiter, ja sogar exponentiell.

Eine unglaublich gewaltige Vernetzung befindet sich im Gehirn des Menschen. Dennoch stützt das deshalb *nicht* die verbreitete These unserer Zeitgeistapostel, wonach dann letztlich doch unser Gehirn unseren Geist produziere und dieser nur ein zufällig entstandenes „Epiphänomen" von Materie sei.

Diejenigen, die so abgedroschen von ihm reden, übersehen dabei eine äußerst verblüffende anatomische Tatsache:

Für die Übertragung von Information innerhalb des Nervensystems gibt es ganz bestimmte Strukturen. Wir nennen solche Dockstellen „Synapsen". Dass es auch Synapsen im Gehirn gibt, hat der für mich bis heute größte Hirnforscher, der Australier *John Eccles (1903-1997)* entdeckt. Dafür erhielt er im Jahr 1963 den Nobelpreis.

Im Gehirn gibt es mehr als 100 Milliarden Nervenzellen *(Neurone)* und noch viel mehr Verbindungen dazwischen über ihre Fortsätze, *Neuriten* und *Dendriten* – somit also auch enorm viele Synapsen.

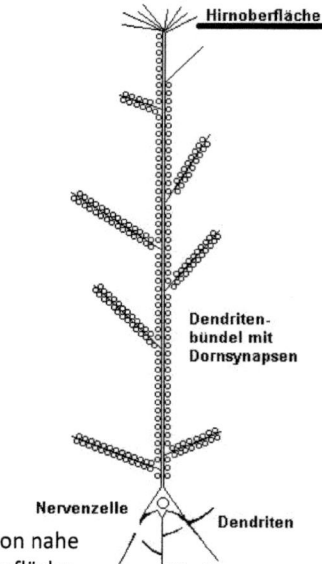

Doch wohl die mit Abstand meisten Synapsen im Gehirn, und damit wohl Billionen, befinden sich blind endend und nach außen gerichtet oben in der Großhirnrinde (sog. *Dornsynapsen*). Dort bilden sie einen Abschluss und docken Im Gegensatz zu „normalen Synapsen" nirgendwo mehr an. John Eccles verglich sie in den 1970er Jahren mit unzähligen, nach oben reichenden, kleinen Satelliten-schüsseln (Abb. 9).

Abb. 9: Neuron nahe der Hirnoberfläche

Eccles hatte schon damals die Idee, dass „Informationen" aus einer mit unseren Sinnen (sinnlich) nicht wahrnehmbaren und dennoch genauso real existierenden „Umwelt", von außen Einfluss über diese freien Dornsynapsen auf das Gehirn nehmen könnten, so wie heute Satellitenschüsseln Fernsehprogramme empfangen, die durch zahlreiche Satelliten verbreitet werden.

Dabei gilt: Auch TV-Programme sind sehr komplexe Informationen, die sich im Raum befinden, wenn sie ausgestrahlt werden: Nehmen wir aber anstatt eines TV-Gerätes bloß ein Radio, sehen wir nichts… Nehmen wir einen Fernseher, der „phasenverschoben" auf andere Signale eingestellt ist, sehen wir genauso wenig – trotz geeigneter Empfangsschüssel.

Alles muss also exakt aufeinander abgestimmt sein.

Mit seiner Idee wurde Eccles leider nicht ernst genommen:
Zum einen passten solche Vorstellungen damals wie heute nicht ins Weltbild. Folglich wurden und werden sie noch heute verlacht.
Sollten sie sich durch irgendwelche Belege „verdichten", werden sie lange bekämpft. Heute erleben wir das alle wieder hautnah…
Zum anderen widersprechen hier die Physiker. Durchaus zurecht sind sie der Ansicht, dass jede elektromagnetische Wechselwirkung mit dem Gehirn auszuschließen sei. Eine solche müsste es aber sein. Damit war man damals wie heute wieder auf Zeitgeistlinie.
Wenn Physiker jedoch heute fast unisono als Erklärung für die Geburt unseres Universums einen Urknall vor ca. 13,8 Mrd. Jahren als zufälliges Ereignis über Quantenfluktuationen ins Spiel bringen, dann muss man Eccles Überlegungen unbedingt wieder aufgreifen:
Zufall und zufällige Ereignisse muss es – natürlich ohne Widerspruch von allen Physikern und Kosmologen – tatsächlich geben. Zufälle sind für alle Zeitgeistler der Kern jeder Evolution, so für die unseres Universums, wie auch für die allen Lebens. Das ist wohl auch so, selbst wenn Esoteriker dem in der Regel nicht zustimmen wollen.
Zufälle sind chaotisch. Doch bereits Benoit Mandelbrot konnte ja zeigen, dass aus jedem Zufall wieder (strenge) Ordnung entsteht; irgendwann zwar und gegebenenfalls nach riesigen Zeiträumen.

Für die Evolution von *„nicht-lebender"* Materie, und damit aller kosmischen Strukturen wie Galaxien, Sonnen und Planeten, scheint diese Erklärung ausreichend zu sein. Phantasie und andere Ideen für das „Leben" scheinen daher für viele nicht mehr angebracht.

Doch in Anbetracht der Tatsache, dass wir heute selbst über 95% des Universums eigentlich gar nichts wissen, grenzt das für mich schon an Stillstand im Denken. Gerade deshalb würde ich jetzt jedem Kosmologen erst recht mehr Phantasie wünschen; denn ihre aktuellen Erklärungen, die da münden in „Dunkle Materie" und „Dunkle Energie", scheinen mir sehr blass und phantasielos zu sein. Außerdem bin ich überzeugt, sie sind genauso sicher auch falsch.

Steckt man unseren Zeitgeist dorthin, wo er meiner Meinung nach längst hingehört, und zwar in die Tonne, dann lässt sich alles ganz einfach, plausibel und schlüssig auf eine – neue – Reihe bringen.

Zufälle werden bei lebenden Systemen durch immer komplexere Vernetzungen, erst allmählich und dann immer schneller, „ersetzt". Eine höhere Organisation solcher Vernetzungen erfolgt nach langer Zeit mit der Entwicklung von Zentralen Nervensystemen (ZNS).

In lebenden Systemen wird es im Laufe der Zeit immer wichtiger, den Zufall zu bändigen; denn Zufälle, hier ja Mutationen genannt, sind in der Regel schädlich. Die zügige Evolution des Lebens konnte zwar anfangs mit Zufällen leben und brauchte sie sogar als eine Startbedingung. Mehr und mehr jedoch wird später konsequent danach getrachtet, gerade sie unschädlich zu machen.

So gilt wohl: Informationen wirken auf alle lebenden Systeme und sind der Schlüssel zu einem neuen, viel besseren Weltbild.

Aber wie kann man sich die Wirkung von „Informationen", also von *„nicht-materiellen"* Strukturen, auf *materielle* Strukturen erklären? Zum einen sind daran bisher schon einige Generationen gescheitert. Das stört mich nicht. Zum anderen hat die Physik Recht, wenn sie sagt, *elektro-magnetische Wechselwirkungen* – zum Beispiel auf unser Gehirn – seien nicht denkbar.

Dann müssen Informationen halt anders auf das Gehirn einwirken. Genau so dürfte es auch sein.

Solche „informationellen" oder „geistigen" Einwirkungen sind erst allmählich entstanden und dann schnell gewachsen. Je weiter die Evolution fortschritt, desto stärker wurden sie, außerdem immer schneller, immer kontrollierter und immer zielgerichteter.

Am Anfang aller Dinge – wenngleich wohl eher nicht nach einem *einzigen* Urknall vor ca. 13,8 Milliarden Jahren, sondern vielmehr nach häufigeren und jedes Mal „kleineren Geburtsszenarien" mit der Entstehung von kosmischer Materie – standen und stehen wohl die mittlerweile „berühmten" Quantenfluktuationen. Sie führen uns an die Grenze von Materie und Information; denn diese Quanten, die da „hin- und her schwabbeln", d.h. fluktuieren, habe keine Ruhemasse, sind also im Grunde genommen auch keine Materie, genauso wenig wie Photonen eigentlich Materie sind.

Daraus entsteht alles – aber immer wieder durch puren Zufall.

Machen wir nun einen riesigen Sprung über fast die gesamten 13,8 Milliarden Jahre seit Beginn unseres Universums nach heutiger Auffassung bis hin zu uns Menschen.

Der Mensch präsentiert sich jetzt mit seinem Gehirn, das Hundert Milliarden Nervenzellen besitzt, dazwischen Hunderte Milliarden an Verschaltungen und Billionen von Synapsen. Elektrische Impulse werden über diese von einem Nerv auf einen anderen oder – im peripheren Körper – auf ein Erfolgsorgan übergeleitet.

Das geschieht fast immer mithilfe chemischer Substanzen, auch Botenstoffe, Transmitter oder, im ZNS, *Neurotransmitter* genannt. Sie werden von kleinen Bläschen, so genannten Vesikeln, in der Nähe der Synapsenenden freigesetzt.

An der Großhirnrinde enden viele Milliarden kleinster Nervenenden (Dendriten) blind nach oben zur Hirnoberfläche ausgerichtet und sind mit Billionen solcher *Vesikel* besetzt, die dort akkurat in Gittern wie Eierkartons, den sogenannten *Vesikelgittern*, angeordnet sind.

Im Grunde wie kleine Satellitenschüsseln ragen sie nach außen.

In ihnen befinden sich die Transmitter. Wenn ein Vesikel platzt werden sie aus ihm freigesetzt und könnten irgendeine Reaktion auslösen, etwa durch Weiterleitung eines Nervenimpulses.

Genau hier sollte der Schlüssel zu einer *nicht-elektro-magnetischen* Einwirkung liegen: Auf diese Vesikelgitter dürfte es vielmehr zu rein *„informationellen Einwirkungen"* kommen. Und das geschieht wohl auch ohne jede Zauberei.

Die im Laufe riesiger Zeiträume etablierte, geradezu wahnwitzige Vernetzung ist hierfür Zauberwort und Grund zugleich. Sie erklärt alles so einfach, wie von mir vorausgesagt:

Fangen wir wieder erst mit banaler Physik an: Der Zufall spielt in der Welt der materiellen, aber *„nicht-lebenden"* Körper die Hauptrolle. Doch kommt es selbst hier immer wieder zu höheren Ordnungen. Nur benötigt ihr Zustandekommen riesige, oft quälend lange Zeiträume. Solange darauf kein (lebender) Beobachter genauer schaut, scheint das natürlich auch gleichgültig zu sein.

Wie man zweifelsfrei belegen kann wird die Evolution jedoch immer schneller, sobald einmal „Leben" aufkreuzt. Dabei entsteht Materie, die nun ganz offensichtlich Strukturen entwickelt, die selbst in der Lage sind mitzuhelfen, die Evolution zu beschleunigen. Zugleich entwickelt sie sich dabei selbst auch immer weiter. Der Zufall als vielleicht quälend langsamer Motor stört und muss gebändigt werden. Somit werden auch seine Nachteile wie mutationsbedingte Schäden deutlich entschärft, zumal auch sie einer beschleunigten Evolution natürlich nur im Wege stünden.

Stellen Sie sich vor, Sie lebten im 18. Jahrhundert, lange vor der Entdeckung von Radiowellen und vor der Erfindung von Motoren zur schnelleren Fortbewegung als mit Kutschen und Segelschiffen.

Sie wollen ein großes Fest feiern und dazu viele aus Ihrem großen Freundes- und Verwandtenkreis einladen. Einige sind mittlerweile sogar über die ganze Welt verstreut, etwa durch Expeditionen zu Forschungs- oder Handelszwecken. Der berühmte deutsche Naturforscher *Alexander von Humboldt (1769-1859)* kommt mir dabei sofort in den Sinn.

Natürlich leben viel mehr Ihrer Angehörigen und Freunde in Ihrer näheren und weiteren Umgebung. Und sie alle sollen kommen.

Sicher müssten Sie viele Monate, wenn nicht sogar ein ganzes Jahr oder noch mehr vor dem geplanten Ereignis anfangen, Einladungen zu versenden, etwa durch Kutschenpost, Kuriere, Handelsmissionen u.s.w. Und ob Sie alle erreichen werden, steht dann auch noch in den Sternen. Auf jeden Fall müsste hier alles sehr lange im Voraus genau geplant, und viele verschiedene Wege müssten beschritten werden. Lange Vorlaufzeiten werden benötigt.

Wie wäre das heute?
Sie planen, wer kommen soll, setzten eine personalisierte Rundmail zwecks Einladung auf und in wenigen Minuten ist alles vollzogen. Die Empfänger wissen Bescheid, selbst auf anderen Kontinenten. Diejenigen, die Sie so nicht erreichen mögen, können Sie immer noch anrufen, mit Messengers erreichen oder in wenigen Fällen sogar noch mit gutem alten Postbrief. Ihr Fest könnten Sie damit auch wenige Tage oder längstens ein paar Wochen vorher angehen, aber viele Monate oder gar ein Jahr und länger?
Nur noch kurze Vorlaufzeiten werden benötigt.
Das alles ist das Ergebnis moderner Kommunikationsverfahren auf Basis gigantischer und zudem sehr schneller Vernetzungen.

Nicht genauso, aber im Prinzip recht ähnlich verhält es sich beim Vergleich der Evolution von *„nicht-lebender"* Materie mit der von *„lebender"* mit rasant wachsender Vernetzung innerhalb des ZNS.
Diese Vernetzungen sind es, die nun durch physikalische Hilfen die „Getrenntheit", also das „Diskontinuierliche" aller *„nicht-lebenden"* Körper in der Physik *quasi* auflöst.

Dabei agieren diese Vernetzungen wie Illusionisten und machen das nicht tatsächlich, weshalb ich auch „quasi" einfüge.
Durch die Entwicklung gigantischer Vernetzungsysteme imitiert die „Physik" das ihr eigentlich nicht innewohnende „Kontinuierliche". Für das tatsächlich „Kontinuierliche", das „Lebendige", „Geistige" oder „Informationelle" reicht das aus, um sich in der physikalischen Welt so widerzuspiegeln, ohne sich der Illusion bewusst zu werden.

71

In Wirklichkeit ist es aber nur eine Illusion, die mithilfe einer Schnittstelle zwischen „Informationeller oder Geistiger Welt" und „Materieller Welt" geschaffen wird nach entsprechender Ausreifung der dazu notwendigen „Systeme".

Ein Vergleich könnte ein Film darstellen, der aus vielen Einzelbildern besteht. Nur wenn diese Einzelbilder in ausreichend kurzer Zeit, also schnell nacheinander, gezeigt werden, entsteht die Illusion einer Kontinuität, die wir Film nennen. Tatsächlich ist aber alles nach wie vor diskontinuierlich, da ja von physikalischer Grundlage. Nur die Kürze der Zeit und eine korrekte „Vernetzung", was hier bedeutet, die Bilder schnell nacheinander und in richtiger Reihenfolge sortiert, machen aus einer diskontinuierlichen Bildreihung einen Film.

Ein Film ist es aber auch nur für uns, weil wir als lebende Wesen, und somit schon immer auch einer anderen Welt zugehörig, „Kontinuität" ja selbstverständlich gewohnt sind. Aus physikalischer Sicht, also der Welt der *nicht-lebenden* Körper (oder Materie) gibt es einen solchen Film dagegen nicht, sondern nur getrennte Bilder, die schnell hintereinander ablaufen, egal, wie schnell es auch sei.

Aus dem Vorhergesagten ergibt sich auch:

Zeit und Raum sind zwei „Schnittstellen": Beide liegen zwischen der physikalischen (rein materiellen) und der informationellen (geistigen) Welt und können selbst beide Aspekte besitzen.

Sprechen wir von „unendlicher Zeit" oder „Ewigkeit", dann meinen wir stets den „informationellen Aspekt", der sich auch auf einen unendlichen Raum bezieht. Das Universum scheint ein solcher laut aktueller Meinung der meisten Physiker zu sein. Und ich stimme dem vorbehaltlos zu und sage: Genau so ist es: Raum und Zeit sind aus dieser Sicht unendlich. Folglich sind sie so nicht physikalischer Natur, da es in der *Physik* Unendlichkeit nicht (nirgendwo) gibt.

Demgegenüber gibt es natürlich zahllose endliche Körper und damit endliche Räume. Sie sind Körper und Räume eines sie umgebenden unendlichen Raums. Endliche Körper mit endlichen Räumen sind auch von endlicher Zeit, so also zwangsläufig jedes lebende Wesen.

Doch tragen alle lebenden Wesen in sich die zwei informationellen Merkmale, „Leben" und „Geist". Diese machen sie damit zugleich auch zu Wesen der anderen, der „informationellen Seite" dieser Welt, die sich durch Unendlichkeit in Zeit und Raum auszeichnet.

Natürlich tragen auch alle *nicht-lebenden* Körper, also einfache Materie, einen „informationellen Aspekt", der sie ebenso unendlich in Zeit und Raum macht. Doch handelt es sich dabei nur um simple Informationen, die sich ihrer nicht selbst erkennen können.

Sie sind. Oder allgemein: Leblose Materies *ist (sie existiert)*.

Lebende Wesen sind dagegen gekennzeichnet durch ihr *Sein und ihr Werden*, wobei gilt: Je höher das Wesen geistig steht, desto mehr steht *das Werden im Vordergrund*. Ganz besonders gilt das natürlich für uns Menschen. Im Rahmen *seines Werdens* erreicht *jeder Einzelne für sich* die Möglichkeit, sich *seiner selbst* und somit auch seiner eigentlichen Position in der Evolution der Welt *bewusst* zu werden. Hiermit verlässt er den Bereich, des bloß in Zeit und Raum *unendlich existierenden SEINs*. Vielmehr wird er ein bewusster und aktiver Teilnehmer im unendlichen Werden von Zeit und Raum. Das gilt natürlich auch für ihn selbst, was ebenso heißt, er muss sich seiner unmittelbaren Verantwortung für „sich und für die anderen" um sich herum gleichermaßen bewusst werden und Verantwortung übernehmen. Das macht ihn auch seines eigenen Glückes Schmied. Im nächsten Kapitel werde ich darauf noch einmal zurückkommen.

Ein anderes Beispiel:

Spielen Sie Lotto? Bei der deutschen Variante mit 6 aus 49 haben Sie schon ohne die Superzahl fast 14 Millionen Tipp-Chancen. Damit sind ihre Chancen auf den Hauptgewinn sehr gering. Es ist also sehr unwahrscheinlich, dass Sie genau diese 6 „*Richtigen*" tippen, die später irgendwann einmal „gezogenen" werden.

Nehmen wir nun an, in einem Vesikelgitter einer dieser unzähligen, wie Satellitenschüsseln anmutenden und blind endenden Synapsen im Gehirn befinden sich, ähnlich einer vollen „Eier-Höckerlage", 100 Bläschen. Von denen sollen sich jetzt nur 10 beliebige, also nicht wie beim Lotto ganz bestimmte, entleeren, um so das ganze Gitter auf einmal komplett zu entleeren. Dies soll dann einen elektrischen Erstimpuls abfeuern.

Wenn man das zugrunde legt und rechnet, dann gibt es dafür jetzt über 17 Billionen Möglichkeiten, also sogar eine extrem hohe Wahrscheinlichkeit.

In dieser Metapher gilt eben im Gegensatz zum Lottospiel, dass es hierbei völlig egal ist, *welche Vesikel* platzen, es müssen nur 10 von 100 sein. Wären die zu tippenden 6 Zahlen beim Lotto auch egal, würde ja jeder in jeder Woche Millionär werden. Toll, was?

In den Vesikelgittern müssten von den hier angenommenen 100 Bläschen pro Gitter also nur 10 beliebige platzen und Botenstoffe freisetzen und schon käme es zu einem elektrischen Impulsaufbau.

Übertragen heißt das: Schon ein einzelner Gedanke könnte bei einer derart hohen Wahrscheinlichkeit durch rein zufällig ausgelöste Quantenprozesse gezielt auf das Gehirn einwirken.

Deshalb wird es nötig sein, das Ganze sogar etwas zu bremsen:

Besser wäre es daher, eine gewisse Zahl von Vesikeln in mehreren solcher Gitter müssten an einem oder vielleicht an verschiedenen Nerven (Neuronen) *gleichzeitig* platzen und damit ihre Transmitter freisetzen. Bei dieser hier gedanklich eingeräumten, wahnwitzig hohen Wahrscheinlichkeit wäre selbst das kein großes Problem, würde aber die Hürden schon ein wenig höher setzen.

Bei derart hohen Trefferchancen wäre das also immer noch leicht zu schaffen – und so ist es wohl auch, wie wir ja tagtäglich erfahren.

Nehmen wir nun weiter an, wie es der deutsche Ingenieur *Ralf Otte*, Leiter des Instituts für Künstliche Intelligenz und Automatisierungssysteme an der TH Ulm, im Jahr 2018 in seinem Beitrag zu meinem Tagungsband schreibt[30], man bräuchte vielleicht gar 1.000 Nerven (Neuronen), die auf diese Weise *kurzzeitig und gleichzeitig erregt* werden sollen, um etwa einen Arm wie gewünscht zu heben.

Erst dann würde über die entsprechenden Zentren in der Hirnrinde (motorischer Cortex und weitere) unser Arm tatsächlich wie

---

[30] Otte, R., „Physikalische Grundlagen des Geistes", NTE-Tagungsband „Schnittstelle Tod - Sind Religionen religiös und Wissenschaften wissend?" (2018)

gewünscht in Bewegung gesetzt werden – und noch andere Abläufe würden jetzt eventuell vonstatten gehen.

In einem neuronalen Netzwerk wie in unserem Gehirn sind sie jetzt *alle* miteinander verbunden. Nehmen wir nun auch noch an, die Erregung von *gleichzeitig* 100 beliebigen Neuronen sollte in diesem Beispiel ausreichen, um damit *alle* 1.000 Nerven *im selben Moment* zu „zünden": Dann gäbe es hierfür $6,3 \times 10^{139}$ Möglichkeiten und somit vermutlich mehr Möglichkeiten, als unser ganzes Universum nach heutigem Wissen Atome hat.

Folglich münzt sich nun die an sich schwache Wahrscheinlichkeit, was die gleichzeitige Erregung von mehreren Nerven durch puren Zufall betrifft, aufgrund der extrem hohen Anzahl von Nerven und ihrer Vernetzung untereinander, zu einer schon „deterministischen Notwendigkeit" um, eine Erregung zu platzieren.

Informationen oder, hier natürlich konkreter, reine Gedanken ohne materielles Substrat, können ganz *ohne* eine *elektromagnetische Wechselwirkung* auf materielle Strukturen einwirken, wenn diese dazu geeignet konfiguriert sind. Das ZNS hat geeignete Strukturen dazu. Die Evolution hat es dazu konsequent und stets durch alle Zeiten hinweg *linear weiterentwickelt*. Gleichzeitig ist es nach unten hin strikt abwärtskompatibel. Daran sollten sich moderne Hard- und Softwarekomponenten mal ein Beispiel nehmen.

Im aktuellen Zeitgeist ist nach-wie-vor kein Platz für Dinge, die über die Physik hinausreichen und somit „metaphysischer Natur" sind.

Zu den scheinbaren „No-Gos" gehört zum Beispiel die Überzeugung, unser Geist könne auch hirnunabhängig existieren. Auch die Vorstellung, unsere Ich-Persönlichkeit bedürfe keiner Hirnbindung gehört, wie noch vieles andere mehr, sicher dazu. Ebenso ist in diesem Weltbild kein Platz für meine, Ihnen hier einmal mehr sehr nachhaltig anempfohlene, feste Überzeugung, dass unser Tod gar *nicht unser Ende sein kann*; denn Tod bezieht sich nur auf die endlichen materiellen Strukturen in ihren aktuellen Konstellationen. Doch selbst die kleinsten Teile dieser materiellen Systeme haben bereits einen Anteil an „Information". Zwar kann auch sie niemals verschwinden – doch bei so komplexen Lebewesen wie etwa uns Menschen würde es schon den „Tod" bedeuten, da ihre dann ja verstreute Fortexistenz einem „Fortleben" kaum gleichkäme.

Höher entwickelte Lebewesen besitzen aber auch höhergradig evolvierte, „komplexe Informationscluster". Unsere Persönlichkeit ist hierfür das Paradebeispiel. Und natürlich bleiben diese dann auch in ihrer ungleich höher entwickelten Komplexität erhalten.

Wenn dem so sein sollte, wovon ich rundweg überzeugt bin, dann muss das auch gewaltige Konsequenzen nach sich ziehen – und zwar für *jeden* von uns. Ganz besonders betrifft das auch *unser Verhalten als Ausdruck für Entwicklung unserer Persönlichkeit im „Hier und Jetzt".*

Die von uns *im „Hier und Jetzt" konfigurierten Strukturen unserer Persönlichkeit sowie das damit im „Hier und Jetzt" dargelegte, konkrete Handeln sind die entscheidende Grundlage Basis für unser weiteres Leben nach dem Augenblick, den dann andere als den Moment „unseres Todes" bezeichnen werden.*

Jeden Einzelnen – und dann aus seiner Sicht – wird dieser Moment ohne jede Zäsur in ein ganz neues, „höheres Leben" führen.

Die Konsequenzen, die das für jeden von uns mit sich bringt, sind gewaltig und werden jeden, aus Sicht unüberschaubar lange, massiv beeinflussen. Wie und wie lange das sein wird, hängt allein von unserem Tun im „Hier und Jetzt" ab. Dabei ist es gleichgültig, was oder an was wer hier glaubt. Entscheidend ist allein, wie wer hier handelt. Das richtige Maß an Eigenverantwortung ist gefragt. Wie hoch das Maß ist, hängt auch von seiner Position im Leben ab.

Menschen, die im aktuellen Zeitgeist verhaftet sind, werden sich wohl schwer damit tun. Sie müssen sich entscheiden, jetzt!

Sonst tendieren sie vielleicht (weiter?) dazu, im „Hier und Jetzt" viele und große Fehler gegenüber „sich und ihren Nächsten" zu begehen, die sie dereinst einmal alle und ohne Ausnahme zu bereuen und einzeln selbst zu korrigieren haben werden.

Fazit und mein Credo

Mittlerweile bin ich seit Jahrzehnten davon überzeugt, regelmäßig, und vor allem an ganz entscheidenden Punkten meines Lebens, teils offene, teils eher diskret verborgene Hinweise „von woanders" zu erhalten. Oft verstand ich sie nicht, und in einigen Fällen wehrte ich mich auch gegen sie. Leider musste ich dann feststellen, dass das meist falsch war, in einigen Fällen sogar falsch und irreversibel. Gott-sei-Dank ließen sich solche Fehlentscheidungen in der Regel noch rückgängig machen. Heute bin ich in dieser Hinsicht doch viel bedachter und halte derartige Hinweise im Auge.
Manche sprechen in solchen Fällen von „Bauchgefühl". Doch das träfe den Kern der Sache nicht. Es ist mehr als das und scheint auch keineswegs nur ein Eigenprodukt oder pure Phantasie zu sein.

Zurzeit erleben wir mit Corona eine unsägliche, zuvor über viele Jahrzehnte so nicht gekannte Krise. Mit medizinischen Argumenten scheint sie mir trotz vieler anderslautender und dann meist schnell und medienwirksam verbreiteter „Expertisen von Wissenschaftlern" weder hinreichend erklärbar, noch mit Daten und Fakten eindeutig und vollumfänglich belegbar. Zahlreiche Politiker und ein Heer von „Medizinjournalisten" scheinen mir dazu bloß selbstherrlich und viel zu oft beratungsresistent.
Selbst wenn diese Viruserkrankung in zahlreichen Fällen leider auch schwere Verläufe nimmt und sogar tödlich endet, so ist sie doch, jedenfalls statistisch betrachtet, keineswegs so aggressiv wie gerne dargestellt. Nur relativ wenige Menschen, die mit dem Virus in Berührung kommen, erkranken daran ernsthaft und müssen im Krankenhaus behandelt werden. Wenn, dann trifft es vor allem alte Menschen, insbesondere mit schweren Vorerkrankungen. Wie wir wissen, liegt das mittlere Sterbealter der Betroffenen auch in Deutschland weit über der durchschnittlichen Lebenserwartung, vor allem bei den etwas häufiger von schweren Verläufen betroffenen Männern.

Infolge des Ausbruchs dieser Erkrankung reagierten einige Länder mit unverhältnismäßigen, medizinisch kaum zu rechtfertigenden und juristisch oft sogar unhaltbaren, unrechtmäßigen und, wie es scheint, nur noch aktionistischen Maßnahmen.

Das wahre Ausmaß dieser Aktionen und Reaktionen dürfte wohl noch über viele Jahre unüberschaubar bleiben. Im Ergebnis sind sie vermutlich für ganze Gesellschaftsgruppen, viele Branchen und über Generationen schlichtweg desaströs. Die daraus weltweit neuen und viele Länder und ihre Bürger massiv belastenden Probleme werden heute leider fast geringschätzend als „Kollateralschäden" bezeichnet. Gerade sie aber werden womöglich langfristig alle diejenigen Probleme, die unmittelbar durch die Krankheit selbst verursacht wurden, sogar noch bei weitem übertreffen.

Nicht von ungefähr verbinden manche Zeitgenossen damit sogar den Beginn einer Zeitenwende, die nichts Gutes erahnen lässt.

Bekannte Romane wie „1984" des britischen Autors *George Orwell (1903-1950)* oder „Brave New World" des Amerikaners *Aldous Huxley (194-1963)* scheinen sich in diesen Reaktionen vielleicht zurecht widerzuspiegeln.

Viele Bürger dieser Welt sehen sich heute machtlos selbsternannten Eliten mit einem Selbstverständnis, das sehr oft allein durch riesige materielle Besitztümer gedeckt ist, ausgeliefert. Sie glauben, keine Handhabe dagegen zu haben. So bilden sich schnell auch Mythen, die auf mancher kruden Idee aktueller und früherer Zeitgenossen gründen und sich um ganze Familienbünde oder Gruppen ranken.

Ich glaube an den Erfolg solcher Ideen nicht, egal ob sie ohnehin nur Legenden sind oder auf Tatsachen beruhen. Vor allem glaube ich daran schon deshalb nicht, weil sie das Produkt von Menschen sind. Ausnahmslos entstammen sie der, dem Zeitgeist schon seit ein paar Jahrhunderten unterworfenen, rein auf Materielles beschränkten Denk- und Sichtweise. Solcherlei Vorstellungen mögen zwar, wie so oft, unter unsäglichen Schäden für einzelne Menschen oder gar ganze Gesellschaften manche Jahre ins Land streichen und dabei Vieles leider zurückwerfen - am Ende werden sie aber alle versagen.

Das Credo meines Buches basiert auf Vorstellungen, die in der Lage sind, zunächst die Grundpfeiler unserer Welt durchweg stringent und konkludent zu erklären. Sie sind in der Lage, den Tellerrand unseres Daseins zu überschreiten. Dabei versuchen sie auch stets, alle Phänomene, Beobachtungen und tatsächlichen Ergebnisse aus noch so verschiedenen Fachbereichen unter einen gemeinsamen Hut zu bringen – ohne Ignoranz oder Missachtung einzelner Dinge.

Viele Phänomene überschreiten den materiellen und damit den rein physikalischen Teil dieser Welt. So hat die Physik weder Erklärungen für Unendlichkeit, noch für Kontinuität. Man kennt nur Endlichkeit und Diskontinuität (Quantelung bzw. Unterbrechung). Oft müssen sich deshalb Physiker verbiegen, wenn sie Kontinuierliches erklären sollen, obwohl es eigentlich unphysikalisch ist und gar nicht geht.
Kleinste Lichtpartikel, sogenannte Photonen, werden so zu Teilchen und Welle zugleich (Welle-Teilchen-Dualismus). Der physikalische Anteil wird dann als ihr „Teilchencharakter" beschrieben. Teilchen grenzen sich von anderen ab. Sie sind gequantelt (diskontinuierlich). Doch wo kommt der Wellencharakter her, also ihre Kontinuität?
Und wenn er für kleinste Teilchen gilt, die alle Materie ausmachen, warum verhalten sich große Dinge wie etwa Schränke, Häuser oder gar wir Menschen nicht genauso?
Schaut man aber in den kosmischen Raum, unser Universum, und betrachtet man das Wesen von Zeit und das unser aller Leben, so findet man dort überall Kontinuität vor.
Ähnlich verhält es sich mit dem Begriff „Unendlichkeit".
Kein Mensch kann sich darunter wirklich etwas vorstellen. Große Zahlen sind ja bis irgendwo okay, und „noch ´was drauf" ließe sich vielleicht auch noch erfassen. Aber schon eine 1 mit 100 Nullen ist längst nicht mehr zu begreifen. Mathematiker mögen dazu ja noch ein paar reale Anschauungsbeispiele herbeizaubern. Doch selbst das scheint nach den heutigen Vorstellungen der Kosmologen weit über „den Rand allen Verstehens" hinaus zu gehen; denn aktuelle Zahlen gehen von maximal 10^{89} Atomen im ganzen Universum aus, was einer 1 mit 90 Nullen entspricht. *Aber unendlich?*

Dennoch hat schon der berühmte deutsche Mathematiker *David Hilbert*[31] mit dem als *Hilbert-Hotel* bekannten Gedankenexperiment Unendlichkeit für alle Ordnungszahlen (natürliche Zahlen) erläutert. Der geniale deutsche Mathematiker *Georg Cantor*[32] hatte sogar im 19. Jahrhundert streng mathematisch *bewiesen*, dass es tatsächlich Unendlichkeit gibt, sie also real existiert: Und nicht nur das, es gibt sogar unendliche viele solcher Unendlichkeiten.

Für die „alten Griechen" war das eigentlich schon ein „alter Hut".

Zwar führten sie keine Beweise im streng mathematischen Sinn aus. Ihnen reichte es, dazu einfach nur einen Kreis zu betrachten: Verblüfft stellten sie dabei fest, dass er zwar „optisch endlich" ist, aber in dem Augenblick, wo man versuchte, ihn zu „berechnen", offenbarte er seine zweite Seite, und die war unendlich. Niemand kann zum Beispiel Fläche und Umfang eines Kreises oder das Volumen einer Kugel exakt berechnen. Dazu brauchen wir immer die jedem aus der Schule bekannte, unendliche Kreiszahl Pi (π).

Doch all das ist nicht mehr Teil der „Physik", es überschreitet dieses Gebiet. Auch dafür erfand man einen Begriff, den der *„Metaphysik"*. Aber wie so oft in der Wissenschaft: Man findet Verblüffendes und kann es mit „traditionellen" Methoden und Kenntnissen nicht weiter erfassen oder erklären. Dann erfindet man mit einem neuen Begriff einfach eine Schublade, in der man das Problem versteckt. Gelöst sind die Fragen damit jedoch nicht; es klingt nur so...

Das Credo meines vorliegenden Buches mündet somit in eine ganz andere, dafür aber jeden einzelnen Menschen sehr hoffnungsvoll stimmende und optimistische Richtung.

Das gilt jedenfalls, solange er friedliebend ist und bereit, sein Leben mit gutem Herzen und liebend zu meistern. Dazu später mehr.

Mein Credo mündet sogar in die große Hoffnung, durch schlagende Indizien eine breite und schlüssige Argumentationskette aufbauen

---

[31] David Hilbert (1862-1943). Berühmt ist sein Gedankenmodell vom „Hilbert-Raum"
[32] Georg Cantor (1845-1918)

zu können. Auch wenn sie *keinen endgültigen Beweis im streng naturwissenschaftlichen Sinn* darstellen kann, so sollte sie doch allemal als Anscheinsbeweis taugen können. Und sie sollte (endlich) in der Lage sein, mit vielem Unsinn in dieser Welt aufzuräumen, der nur allzu oft dadurch entsteht, dass selbsternannte Eliten ihn auf Basis religiöser oder politisch-ideologischer Einstellungen schaffen.

Natürlich gereicht solcherart Unsinn stets zu ihrem Vorteil, genauso oft aber zugleich zum Nachteil mehr oder weniger großer Teile der Menschheit. Derlei Macht ausübende Zeitgenossen und ihre vielen Gesinnungsgenossen gründen ihre Chuzpe permanent auf einem falschen, ja geradezu absurden, aber zeitgemäßen Naturalismus.

Vielleicht mag ja der ein oder andere nun mich und dieses Credo schon während der „Einleitung" als eine „gefährliche Geisterfahrt auf der Autobahn" betrachten. Doch übersehen sie damit, dass sie tatsächlich selbst die Geisterfahrer sind. Und das werden sie selbst einmal bitter bereuen, sollten sie nicht doch noch im „Hier und Jetzt" lernen, zu „erkennen und umzudenken"…

Bereits in meinem bislang einzigen *Roman* „Unser Schlüssel zur Ewigkeit" (2015) habe ich „belletristisch-spielerisch" aufgezeigt, dass *jeder Einzelne* im „Hier und Jetzt" *für sich* sämtliche Weichen *seiner eigenen Zukunft* stellen muss und auch stellt.

Mein Credo basiert auf meiner in einigen Jahrzehnten gewachsenen und durch eine breit und in sich schlüssig aufgebaute Indizienkette. Sie hat mich geradezu zwingend und unmissverständlich zu der längst klaren Überzeugung geführt, dass unser „hiesiger" Tod *nicht* zugleich auch das Ende unserer „individuellen Persönlichkeit" ist.

Aus Sicht eines jeden Einzelnen, der „hier verstirbt", geht sein Leben *unmittelbar und ohne jede Zäsur mit allen Attributen seiner bisher gewachsenen Persönlichkeit weiter.*

Gerade in dieser Zeit mag das für sehr viele vielleicht schwer zu verdauen sein. Nichtsdestotrotz scheint es eine auf jeden Einzelnen zutreffende und unumstößliche Tatsache zu sein, ob man es nun glauben will oder auch nicht.

Für jeden Einzelnen scheint gleichermaßen, und ganz egal, *was und wer heute, wo und wie glaubt oder auch nicht zu glauben bereit ist,* ganz sicher zu sein:

1) Der Tod ist *nicht* das Ende unserer Persönlichkeit.

2) Für jeden Einzelnen geht es danach – und aus seiner Perspektive ohne jede Zäsur – nahtlos weiter, und zwar mit voller Persönlichkeit und Orientierung sowie mit allem Wissen – so, wie er zum Zeitpunkt seines hiesigen Fortgangs oder, wohl besser, seines Übergangs, ist.

3) Jeder Einzelne ist ausgestattet mit einem nur durch die jeweiligen Umgebungsbedingungen begrenzten, ansonsten aber freien Willen („hier" gibt es zum Beispiel vor allem physikalische Grenzen).

4) Für jeden Einzelnen ist ganz entscheidend, im „Hier und Jetzt" *zu erkennen, zu begreifen und zu lernen,* dass er ein ganz *persönliches, individuell unterschiedlich hohes Maß an Eigenverantwortung* trägt. Das Maß seiner persönlichen Verantwortung ist streng danach gestaffelt, wie viel Verantwortung der Versterbende „im Hier und Jetzt" hat, also übertragen bekommt, bzw. übernommen hat. Seine Verantwortung bezieht sich auf „sich und seine Nächsten". Das ist auch die Lehre aus dem christlichen *„Gleichnis von den Talenten"* im *Lukas-Evangelium (19.12).* Was also hat es damit auf sich?
„Ein Mann, der auf Reisen ging, vertraute seinen drei Dienern sein Vermögen an. Der erste erhielt fünf Talente Silbergeld, der zweite zwei und der dritte nur ein Talent.
Der Diener, der fünf Talente erhalten hatte, erwirtschaftete durch seinen Fleiß fünf weitere hinzu und der zweite, der zwei erhalten hatte, konnte durch seinen Fleiß noch zwei hinzugewinnen.
Der dritte jedoch vergrub sein Talent in der Erde.
Als der Herr nach langer Zeit zurückkehrte, wollte er von seinen Dienern Rechenschaft über sein Vermögen abgelegt bekommen.
Der erste Diener zeigte ihm die fünf hinzu gewirtschafteten Talente und der zweite die zwei neuen. Der dritte konnte aber nur das eine,

das er bekommen hatte, vorweisen.
Da sagte der Herr zu ihm: ‚Du bist ein schlechter und fauler Diener'
und nahm diesem Diener das Talent weg und gab es dem, der die
zehn hatte. Dann sagte er: ‚Denn wer hat, dem wird gegeben
werden, und er wird im Überfluss haben; wer aber nicht hat,
dem wird auch noch weggenommen, was er hat.“

Dieses berühmte Gleichnis wird leider oft missverstanden:
Keineswegs ruft es zu mehr Geschäftstüchtigkeit auf, wie mancher
in Unkenntnis behaupten mag. Vielmehr geht es dabei allein um die
Vermittlung, dass jeder Einzelne Verantwortung übernehmen muss.
Doch diese ist nicht für jeden gleich, sondern nach dem Maß
gestaffelt, das sich aus der im „Hier und Jetzt“ übernommenen oder
ihm übertragenen Verantwortung ergibt.
Ähnlich muss der bis heute oft missverstandene Ausspruch gesehen
werden: *„Die Ersten werden die Letzten sein“ (Math. 20.16)*:
Mit „die Ersten“ sind im „Hier und Jetzt“ diejenigen gemeint, die für
das eigene Wohl *auf Kosten und zu Lasten ihrer Nächsten* handeln
(hebr.: ha adamah). Dagegen sind „die Letzten“ diejenigen, die
Verzicht üben, um ihren Nächsten zu helfen oder ihnen *wirklich* zu
dienen. Viele Politiker versprechen bei ihrer Amtsübernahme, ihrem
Volk zu dienen. Doch nur wenige halten sich später daran.
Zum Beispiel haben auch Firmenlenker große Verantwortung für
ihre mehr oder weniger zahlreichen Mitarbeiter. Im Rahmen dieser
von ihnen im „Hier und Jetzt“ übernommenen Verantwortung
machen sie sich dann gegebenenfalls schuldig und werden es nach
ihrem „Tod“ genauso im Einzelnen auszubaden haben.

Gerechtigkeit ist also keine leere Phrase.
Es gibt sie, und jeder Einzelne wird sie auch erfahren. Gerechtigkeit
erfährt man aber leider nicht – oder nur recht selten – schon im
„hiesigen“ Leben. Diejenigen, aber die sich im „Hier und Jetzt“
große Schuld aufladen und sich aus Unkenntnis oder Ignoranz der
tatsächlichen Gegebenheiten ihrer persönlichen Verantwortung
entziehen, Gerechtigkeit herzustellen, werden es dereinst einmal

sehr bereuen; denn nach ihrem sogenannten Tod werden sie nicht umhin kommen, genau das Punkt für Punkt nachzuholen. Und irgendwann wird es jedem auch gelingen. Doch der Weg dahin wird dann sehr viel steiniger sein, also bereits „hier" umzudenken.

Einmal mehr findet sich in diesen Gleichnissen – genauso wie zum Beispiel bei sehr vielen Nahtoderfahrungen – ein unmittelbarer Bezug zur strikten Einforderung von *Eigenverantwortung*.

Immer wieder findet sich dabei der Hinweis auf eine *„himmlische Gerechtigkeit"*. Doch es wird *keinen „himmlischen Richter"* geben: Das „Abarbeiten" eigener Schuld wird eine durch und durch eigene Aufgabe sein und ist sehr viel mühseliger, als hier jemals erwartet.

Jeder Einzelne wird sein eigener Richter sein, und jedes „Ich" zwingt sich selbst und unmissverständlich auf einen dann je nach eigener Vergangenheit mehr oder weniger beschwerlichen Weg, alle einzeln um Vergebung zu bitten. Dessen muss man sich im „Hier und Jetzt" bewusst werden. *Daran führt für keinen Menschen ein Weg vorbei.*

Das mag für uns jetzt kaum zu erfüllen klingen, aber es wird auch eine komplett neue Welt sein, in die wir einmal eintreten werden.

Damit gilt für jeden der *„kategorische Imperativ"* nach Kant, salopp übersetzt mit dem Ausspruch: *"Was du nicht willst, das man dir tu, das füg auch keinem anderen zu."*

In diesem Sinne ist auch die oft zitierte biblische Aussage zu sehen: *„Liebe deinen Nächsten wie dich selbst"*. Beides ist oft nicht einfach.

5) Wer diesem persönlichen Anspruch nicht adäquat gerecht wird, muss das zukünftig und gegebenenfalls sehr mühsam oder sogar qualvoll nacharbeiten, und zwar solange, bis er dann seine „Schuld" infolge mangelnder Verantwortungsbereitschaft gegenüber seinen Nächsten im „Hier und Jetzt" bei jedem Einzelnen getilgt hat.

Natürlich mag das für viele jetzt eher abstrus oder naiv klingen.

Sicher übersteigt es auch die Vorstellung vieler, wenn ihnen nun Zeitgenossen im Kopf herumschwirren, die vielleicht gegenüber Millionen ihrer Mitbürger große Schuld auf sich geladen haben.

Doch ist es weder naiv noch abstrus, nur weil es unsere heutigen Vorstellungskräfte übersteigt. Viele spirituelle Erfahrungen geben davon Zeugnis. Und parallel dazu stützen das stringent Vergleiche mit den naheliegenden, hier dargelegten theoretischen Grundlagen auf verschiedenen Wissensgebieten. Jeder Einzelne wird sich daher dereinst einmal sehr wundern und sollte sich deshalb lieber schon im „Hier und Jetzt" besser in Acht nehmen und sich vorbereiten.

6) Elementare mathematische Logik lässt uns erkennen, dass in diesem Universum grundsätzlich zwei sich spiegelbildlich gegenüber liegende („polar-symmetrische") Seiten *real existieren* – so wie die zwei Seiten ein und derselben Medaille. *Das gilt für alles und jedes.*
Sehr oft jedoch sehen viele im „Hier und Jetzt" nur eine dieser beiden Seiten und glauben, auch nur sie sei real existent; denn sie können nur die materialistisch-naturalistische Seite *mit ihren Sinnen wahrnehmen*: Alle dazu notwendigen Organsysteme sind nun mal durchweg selbst materieller Natur. Das gilt so auch für alle Geräte und Instrumente, die man erschafft, um so mehr von der Welt zu erfahren wie zum Beispiel Teleskope oder Mikroskope.
Doch im Grunde denken solche Zeitgenossen – sogar oft wider besseren Wissens – nicht weit: Ihre tägliche Erfahrung sollte ihnen eigentlich zeigen, dass es eine andere Seite der Medaille geben *muss*. Und diese scheint genau so real zu existieren, wie die mit den Sinnen wahrgenommene Seite; denn auch sie erkennen ja ihren Geist und ihren Reichtum an Gefühlen sowie – grundsätzlich – auch ihre Vernunft.

Immanuel Kant (1724-1804) hatte dies schon in den 1780er Jahren herausgearbeitet und erkannt, dass „Vernunft" real existieren muss: Nur mit ihr können mögliche Erkenntnisse aus allen Richtungen und Fachbereichen „verarbeitet, gewichtet und abgewogen" werden. Keineswegs aber ist sie, wie dann viele von Kants „philosophischen Erben" in zum Teil eklatant *dummer* Weise behaupteten, als zwar real existent, jedoch als „kollektive Vernunft" anzunehmen.
Vielmehr ist sie grundsätzlich *jedem Einzelnen* zu eigen. Und als solche, also als die einem jeden individuell gegebene Vernunft, muss sie auch individuell gehegt und weiter entwickelt werden.

Dagegen ist Kultur ein Begriff für den Entwicklungsstand eines Kollektivs. So weit so gut. Doch Kultur kann wiederum tatsächlich nur dann wachsen, wenn es zunächst die einzelnen Individuen einer Gesellschaft tun. Erst damit wächst auch „in zweiter Reihe" und nachfolgend das gesamte Kollektiv. Gesellschaftssysteme, die die Individualität eines jeden Menschen zugunsten eines Kollektivismus negieren und unterdrücken, sind äußerst gefährliche Irrtümer.

Sie richten durchweg große Schäden am Einzelnen an und haben so niemals eine Chance auf Erfolg. Die letzten 200 Jahre zeugen davon leider mannigfaltig. Doch nicht jeder lernt aus der Vergangenheit. Dazu gehört im Übrigen auch zu begreifen, dass Individualität nicht unbedingt etwas mit Individualismus zu tun hat.

7) Dieselbe elementare mathematische Logik zwingt uns aber auch zu der Erkenntnis, dass es über diese zwei polar-symmetrischen Seiten der von uns grundsätzlich wahrnehmbaren und erkennbaren Welt hinaus noch eine *dritte Realität* geben *muss*. Sie ist von uns nicht näher zu beschreiben. Wir können sie nicht weiter definieren. *Aber sie muss sein und sie ist!* Und nicht nur das. Sie ist eine hinter allem und über allem stehende, zugleich ursprüngliche Realität.

Von ihr allein ging und geht alles überhaupt aus und immer weiter. *Ohne sie wäre nichts, nur durch sie und mit ihr ist alles.*

Für uns ist sie eine neue und höhere „Einheit". Sie entspricht in der mathematischen Analogie der Welt der so genannten „imaginären Zahlen". Zwar können wir mit ihnen rechnen, und wir wissen, sie sind da und sogar zwingend erforderlich, aber wir können nicht einmal direkt auf sie schließen – egal welchen Weg wir versuchen.

Sie bleiben unserer Welt der realen Zahlen mit ihren zwei Realitätsbereichen, positive und negative Zahlen, verborgen. Und doch könnten wir ohne ihre Existenz heute zum Beispiel keine

Computer betreiben. Imaginäre oder „Komplexe Zahlen"/[33] dienen heute in Physik und Technik zur konkreten Lösung von handfesten Problemen, etwa in der Elektro- und Strömungstechnik oder in der Quantenphysik, wenn es um Wahrscheinlichkeiten geht. Selbst in der Musik kennt man seit 1787 „Chladnische Klangfiguren". Man erhält sie, wenn man eine Platte mit Sand bestreut und sie dann mit einem Geigenbogen anstreicht oder auch mit einer schwingenden Stimmgabel berührt: Es entstehen Knotenlinien stehender Wellen.

Die in unserer Welt alles übersteigende und alles durchdringende höhere „Einheit" wird seit Menschengedenken als real existierend erkannt und natürlich sehr unterschiedlich benannt.
Es ist nur menschlich, wenn man sie sich dann auch – wenngleich unsinnigerweise – in verschiedenen Bildern irgendwie vorstellt. Im Christentum spricht man von „Gott" und stellt sich „ihn" als alten Mann mit Rauschebart vor. Selbstverständlich ist das naiv und ganz sicher falsch, aber deshalb noch nicht schlimm. Nicht einmal das männliche Attribut kann richtig sein, allenfalls meine Annäherung durch *„ihn+sie"*; denn aus dieser *Einheit* gehen ja alle polaren Symmetrien, so auch männlich und weiblich, erst einmal hervor.

Und diese höhere - geistige - „Göttliche Einheit" muss es zwingend geben. Sie ist real und besitzt ihre eigene Kraft. Von ihr erfahren wir schon im „Hier und Jetzt" sehr viel und sollten davon möglichst viel weitergeben. Dazu müssen wir sie als Göttliche Kraft erkennen und begreifen und unbedingt nutzen: Gemeint ist die alles in dieser Welt begründende, alles umfassende und alles durchdringende Kraft der göttlichen *„Liebe"*. *Und diese Göttliche Einheit ist selbst reine Liebe.*

Die (Göttliche) Kraft der Liebe ist universell.

---

[33] Siehe dazu Teil 2: Die dort im Kapitel „Imaginäre oder Komplexe Zahlen" beschriebene Riemann'sche Logarithmus-Spirale könnte eine wunderbare Analogie zur linearen Aufwärtsentwicklung jeder Information und damit allen Geistes sein, während die Spirale selbst zyklisch ist (vgl. Polare Symmetrie von allem und jedem)

Sie ist es, die jeden Einzelnen auf seinem persönlichen Lebensweg begleitet. Man kann sie ignorieren oder annehmen. Sie zwingt sich keinem auf, ist aber immer präsent. Sie begleitet einen jeden von uns im „Hier und Jetzt" und auch dann, wenn der größte Teil eines jeden individuellen Lebenswegs erst noch beginnt: im Tod.

Auf dem sich dann anschließenden, nächsten Lebensabschnitt geht es zunächst vor allem wohl mehr oder weniger lange darum, für sich notwendige Vergebung zu finden. Kaum jemand dürfte im „Hier und Jetzt" ohne Schuld sein. Sie muss man erkennen und regelrecht abarbeiten. Es gibt keinen Richter, man ist selbst gefordert; denn zu den wichtigsten Erkenntnissen im „Hier und Jetzt" gehört die Akzeptanz des eigenen freien Willens, dessen vornehmste Aufgabe ist, seine „Eigenverantwortung" zu erkennen und auszuüben.

Natürlich könnte und sollte das schon Aufgabe im „Hier und Jetzt" unseres Lebens sein; doch viele Menschen drücken sich davor und weisen das von sich. Allzu oft üben sie sich leider darin, anderen zu schaden. Doch sie werden das später einmal bereuen: ausnahmslos vor sich selbst und durch das erschwerte Abarbeiten ihrer Schuld.

Dies wird so sein, weil es so sein muss; denn Gerechtigkeit ist keine leere Worthülse. Tatsächlich wird sie einmal jedem Einzelnen zuteil.

Da ein Jeder auf seinem persönlichen Weg vorankommen will und auch muss, wird er alles daran setzen, sich seinem persönlichen Ziel immer mehr zu nähern. Dazu gehört dann auch, vergeben zu lernen und anderen, die ihn darum ersuchen, Vergebung zu gewähren.

Dies geschieht dann Zug um Zug oder, wie es bei *Mathäus 5,38* heißt: *„Auge um Auge, Zahn um Zahn"*...

Das ist auch die eigentliche Kernbotschaft des nächsten biblischen Zitats bei *Mathäus (5,39)*. Sie wird genauso oft falsch verstanden: *„Wenn dir einer auf die rechte Wange schlägt, halte ihm die linke hin"*, so steht es geschrieben, und genau so muss es sein.

Dahinter steht eine alte jüdische Tradition, die vor zweitausend Jahren ein problemloses Verständnis dieser Aussage ermöglichte:

Damals wie heute waren die meisten Menschen Rechtshänder. Wenn jemand nun einen anderen Zeitgenossen zutiefst demütigen wollte, schlug er ihm mit seinem rechten Handrücken auf die rechte Wange.

Wenn er ihn jedoch später um Vergebung bitten wollte, musste er nun dessen linke Wange mit seiner rechten Hohlhand tätscheln.

Dazu aber musste ihm der Gedemütigte auch seine linke Wange hinhalten...

Das Erkennen von Eigenverantwortung für all sein Tun, und damit verbunden die Bitte um Vergebung, bzw. der Ausgleich von Schuld durch neues und angepasstes Handeln sowie die Reife, Vergebung zu gewähren, sind, neben den Fähigkeiten zu lieben und Liebe entgegenzunehmen, die alles entscheidenden Lektionen für den weiteren persönlichen Lebensweg über den eigenen, sogenannten „Tod" hinaus.

Dagegen ist es nicht wichtig, ob man im „Hier und Jetzt" überhaupt glaubt oder wenn man glaubt, an wen oder was man glaubt. Nur auf das richtige Handeln kommt es jetzt schon an.

Die Liebe ist die gewaltigste Kraft dieser Welt. Sie ist die Kraft des Göttlichen oder, ganz allgemein und theoretisierend, die Kraft der aus unserer Sicht zwingend real existierenden, jedoch in keinster Weise näher zu beschreibenden und definierbaren, weit über uns stehenden und uns in allem überlegenen, „geistigen Einheit".

Sie ist zugleich Anfang und Ende sowie Urgrund und Hintergrund allen SEINs zu aller Zeit und das in Ewigkeit.

Ob wir hierbei von Gott, Allah, Manitu, Brahman oder wem oder was auch immer sprechen, ist vollkommen gleichgültig.

Nur deshalb Andersgläubige zu diskriminieren, ihnen zu schaden oder gar gegen sie Kriege zu führen, ist abscheulich, erbärmlich und natürlich falsch. Es ist gegen die Göttliche Liebe.

Gerade deshalb wäre viel mehr Gemeinsamkeit aller Religionen und Religionsgemeinschaften angezeigt; denn es betrifft ihre zentralen Themen. Sie allein geben Religionen ihre Daseinsberechtigung.

Vor kurzem erhielt ich von einem guten Freund ein Essay über das Leben an Bord großer Kreuzfahrtsegler: *Klaus Müller* war auf ihnen 20 Jahre Kapitän und zuvor auch Kapitän auf dem legendären Drei-Master *„Alexander von Humboldt"*, der jetzt ausgemustert und als Hotelschiff auf der Weser in Bremen vor Anker liegt.

In seinem Essay schrieb er unter anderem: *„Sonntags auf See, organisierte ich einen „denominational service", einen religions-freien Gottesdienst. Dazu werden die Passagiere eingeladen. Hindus, Buddhisten, Muslime, die verschiedenen christlichen Kirchen, beten und singen wie zu Haus im Tempel, in der Moschee oder der Kirche. Auch jüdische Gäste oder jüdische Besatzungsmitglieder waren willkommen bei dem Gottesdienst. Wenn keine Juden an Bord waren, sprach ich das „Schma Jisrael" (Höre Israel), in Englisch und Deutsch. Für alle war es immer wieder ein Höhepunkt, ihren Glauben und das seelische Sein vorzustellen. Auch wurde ich gebeten, diesen Gottesdienst nur für die Besatzung zu organisieren. Das „Vater unser" in Tagalog, Hindu, Russisch, Deutsch und Englisch zu hören, bewirkt einen Zauber."*

Man sollte lernen zu erkennen, dass die „Göttliche Einheit" *kein Eigentum* irgendeiner Religion und schon gar nicht irgendeiner Religionsgemeinschaft ist. Sie, oder einfach „Gott", ist für alle da und steht hinter allem in dieser Welt. „Gott" existiert real, und von „ihm+ihr" geht alles aus, so auch die größte Kraft dieser Welt.

Allein diese Kraft sollte unser aller Handeln bestimmen – und das natürlich schon im „Hier und Jetzt". Mit ihr sollte es auch jedem Einzelnen leicht fallen, der ihm übertragenen Eigenverantwortung gerecht zu werden. Das ist der Maßstab für die eigene Zukunft.

Gottes unbeschränkt gewaltige Kraft ist die Liebe. Gott ist die Liebe, und die Liebe ist größer als das ganze Universum.

Teil 2: Hintergründe und Einsichten

Das erste SEIN sowie negative und positive Zahlenreihen

Die häufigste Frage lautet wohl: Woher kommt das ERSTE SEIN?

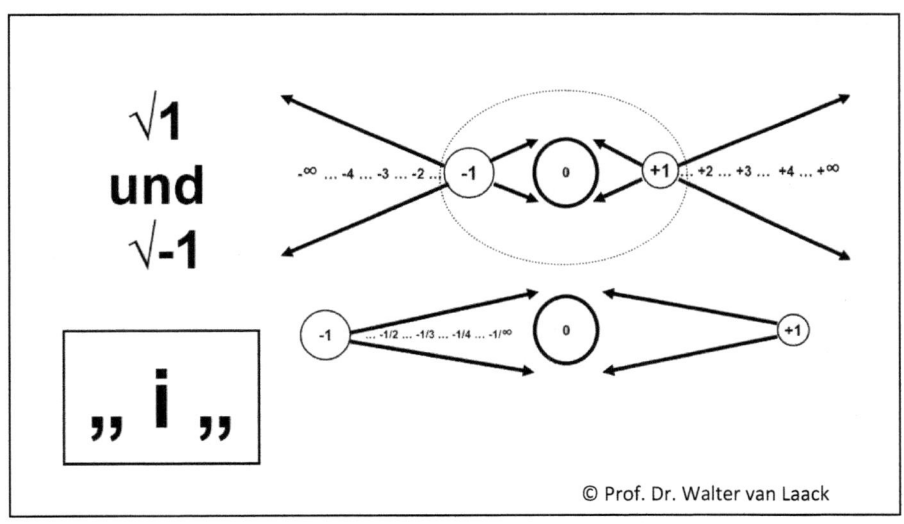

Abb. 10: Herkunft des ersten SEINs und seine weitere Entwicklung.
Siehe nachfolgenden Text:

Wenn man ZWEI von NULL verschiedene, spiegelbildliche und zugleich gegensätzliche, also polarsymmetrische, Zahlenwelten hat, muss man bei *beiden* auch dieselben Rechenoperationen durchführen können.
Aus positiven Zahlen lässt sich bekanntermaßen die Wurzel ziehen und mit unseren geläufigen Methoden berechnen. Dabei können als Ergebnis zwei positive oder zwei negative Zahlen herauskommen. Miteinander multipliziert (quadriert) ergeben sie dann wieder den positiven Ausgangswert.
Eine Wurzel aus einer negativen Zahl zu ziehen, ist rechnerisch aber nicht genauso möglich.

91

Um die Wurzel aus einer negativen Zahl zu ziehen, muss man sich einer anderen, für uns nicht „greifbaren" Perspektive zuwenden. Das Ergebnis ist dann eine sogenannte „imaginäre oder komplexe Zahl". Sie beginnt mit „i" (s. Abb. 10).
Eine mathematische Gleichung der Form $x^2+1=0$ wird nun lösbar.

Imaginäre oder Komplexe Zahlen

Imaginäre oder Komplexe Zahlen berechnen sich aus der Wurzel aus einer negativen Zahl. Eine Gleichung der Form $x^2+1=0$ wird lösbar. Aus positiven Zahlen lässt sich eine Wurzel bekanntermaßen ziehen und auch berechnen, wobei das Ergebnis neben zwei positiven immer auch zwei negative Zahlen sein können. Quadriert man sie, ergeben sie wieder den positiven Ausgangswert.
Eine Wurzel aus einer negativen Zahl zu ziehen, ist rechnerisch aber nicht genauso möglich.
Um das Ganze hier aber mathematisch nicht weiter zu vertiefen, sollte man in diesem Zusammenhang einfach zur Kenntnis nehmen, dass sich durch *„geometrische Drehung"* eine Zahl finden lässt, die mit sich selbst multipliziert (quadriert) eine negative Zahl ergibt.
Im einfachsten Fall wird so aus der imaginären Zahl „i" über „i^2" dann „-1".

Geometrisch betrachtet gilt: In diesem Fall haben beide Zahlen „i" jeweils einen Winkel von 90° zur reellen Achse. Werden nun die beiden Winkel *addiert*, so gibt das einen Winkel von 180°. Beide miteinander multipliziert führt dazu, dass „i" durch die Drehung auf die Zahl „-1" fällt.
Somit ergibt „i" multipliziert mit „i" dann „-1", und es gilt i = √-1.
Allerdings führt es in die Irre, wenn man sagt, imaginäre Zahlen seien negative Flächen. Das ist nicht der Fall.
Imaginäre (oder komplexe) Zahlen ergeben sich nicht aus Flächen, sondern allein aus der Drehung.

Werden komplexe Zahlen miteinander multipliziert, dann kann das dazu führen, dass die Drehung wie bei einer Uhr an den Anfangspunkt zurückkehrt und ihn überschreitet.

Während jedoch auf der Uhr nach jeweils 12 Stunden die gleichen Zahlen neu durchlaufen werden, soll genau das bei den komplexen Zahlen vermieden werden.
Jede komplexe Zahl soll also eindeutig bleiben.
Das führt dann in eine Überlagerung von unendlich vielen Flächen, die wie in einer Aufwärts-Spirale angeordnet sind: *Riemann'sche Fläche des komplexen Logarithmus*[34] (Abb. 11). Dazu später auch noch einmal in anschaulicher Analogie.

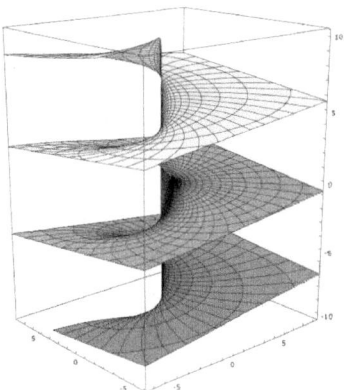

Abb. 11: Spirale des komplexen Logarithmus (Riemann-Fläche)

Polare Symmetrie und Unendlichkeit

Rein *mathematisch* betrachtet ist der Ursprung allen „SEINs" also eine „imaginäre" oder „komplexe" Zahl „i" (vgl. Abb. 10).
Sie MUSS es geben, ist aber für uns nur theoretisch zu begreifen. Aus ihr und mit ihr entstehen die beiden bereits genannten, für uns auch arithmetisch (rechnerisch) realen, negativen und positiven Zahlenreihen nacheinander durch jeweils einfaches Quadrieren.

Übertragen in eine Analogie der zwei erfahrbaren Realitätsebenen „Informationelle Welt/Geist" und „Physikalische Welt/Materie" gilt: Auch sie sind zwei zueinander spiegelbildliche und gegensätzliche, bzw. polar-symmetrische SEINs-Ebenen.

---

[34] Quelle: https://commons.wikimedia.org/w/index.php?curid=38074912

93

Somit liegt auch ihnen beiden eine nicht näher zu beschreibende, aber dennoch *real existierende SEINs-Ebene* zugrunde, so wie in der Mathematik die Ebene der imaginären oder komplexen Zahlen „i".

Aus ihr und mit ihr entsteht und entwickelt sich zunächst die Informationelle oder Geistige Welt und daraus wiederum dann die Physikalische oder Materielle Welt, also $i^2 = -1$; $(-1)^2 = +1$ (s. Abb. 10).

Die Zahl NULL spielt auch hier nur eine *Symmetrieachse* zwischen den zwei Realitätsebenen.

Die erste Realität *nach „i"*, und so der Ebene der imaginären oder komplexen Zahlen, ist die Ebene der NEGATIVEN Zahlen. Sie ist die „stärkere Realität". Aus ihr und mir ihr ergibt sich die „schwächere Realität" als Ebene der POSITIVEN Zahlen durch Quadrieren.

Weil umgekehrt das Radizieren (Wurzelziehen) aus positiven Zahlen sowohl positive, als auch negative Ausgangswerte ergeben kann, sind die negativen Zahlen die stärkere Realität.

Im übertragenen Sinn sind in der Analogie einer „Informationellen, Geistigen Welt" und einer „Materiellen, Physikalischen Welt" beide SEINs-Ebenen für uns *erfahrbar*. Aber nur die „Materielle Welt" ist für uns auch mit unseren Sinnen, d.h. sinnlich, wahrnehmbar.

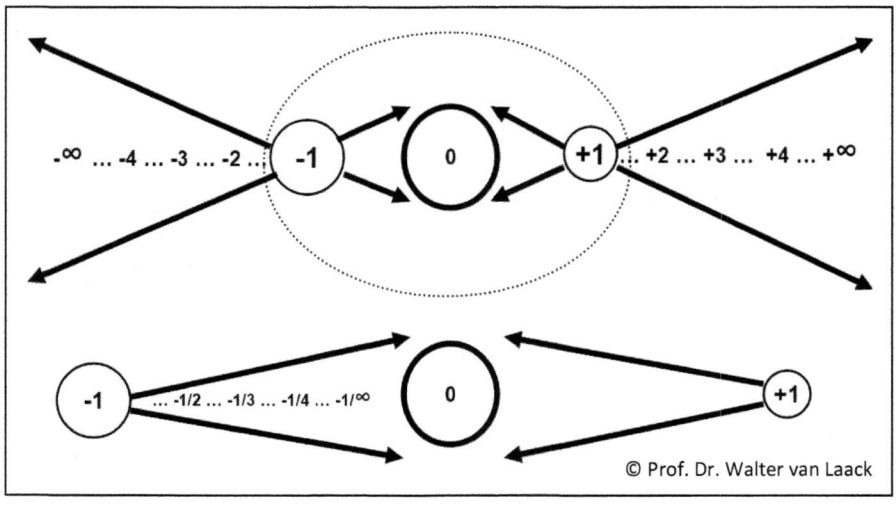

© Prof. Dr. Walter van Laack

Abb. 12: Zwei „SEINs"-Welten, analog der negativen & positiven Ordnungszahlen

Beide Welten besitzen sowohl begrenzte und endliche, als auch unbegrenzte und unendliche Aspekte (s. Abb. 12):
Zwar begrenzt, so doch unendlich, ergibt sich durch die unendlichen Reihen der *Kehrwerte* aller natürlichen Zahlen (Ordnungszahlen).
Sie finden sich sowohl auf der Seite der positiven, als auch auf der Seite der negativen Zahlen, getrennt von der Null als Spiegelachse.
Die Zahl Null wird aber von keiner der beiden unendlichen Reihen der Kehrwerte erreicht. Unendlichkeit hat also „Platz auf endlichem Raum" (und in endlicher Zeit, wie ich noch erläutern werde).

Darüber hinaus weisen beide Seiten auch unbegrenzte und zugleich unendliche Aspekte auf, symbolisiert durch die beiden („normalen") unendlichen Zahlenreihen nach rechts und links öffnend (Abb. 12):
Überträgt man nun die beiden Reihen positiver natürlicher Zahlen und ihrer Kehrwerte wieder in meine Analogie, dann gilt:
Alles Körperliche ist zum einen räumlich begrenzt (dreidimensional endlich) und führt ein zeitlich begrenztes Leben, bzw. alles ist von endlicher Existenz.
Für alles und jedes gibt es aber auch eine zweite Seite der Medaille: Diese zweite Seite ist unendlich und unbegrenzt und das gilt räumlich und zeitlich. Auch alles Materielle hat sie bereits (Abb. 12).
Zwischen den beiden realen Existenzebenen liegt jeweils eine Schnittstelle, charakterisiert durch die Zahl „1" (mal -1, mal +1, Abb. 12).
Sie entspricht dem *anderen SEINs-Aspekt*, der auch jedem Materiellen anhaftet:
Das ist die allem zugrunde liegende „*Information*" oder allgemein, dessen *Informationeller Kern* (nebenstehend dargestellt als „informationelle Kugel" in einem „materiellen Würfel" (Abb. 13).
Jedes materielle Teilchen, so etwa auch jedes Atom, hat einen informationellen Kern. Je komplexer die materiellen Körper werden, desto komplexer werden auch ihre informationellen Kerne (Clusterbildung).

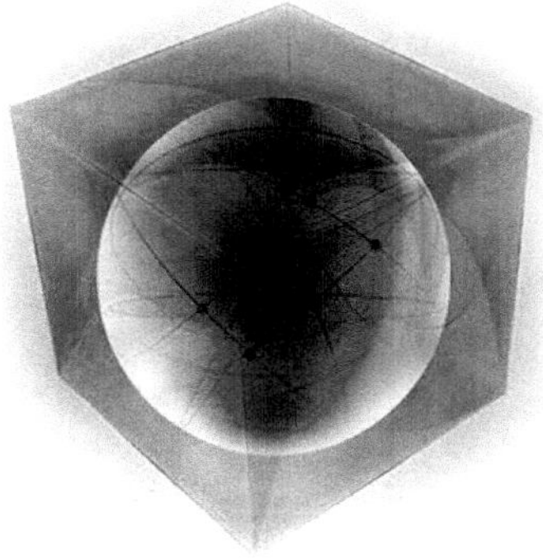

Abb. 13: Informations-Kugel im Materie-Würfel

Ab einer bestimmten Komplexität der informationellen Kerne – ich nenne sie nun „Informationelle Cluster" oder „Informationscluster" – beginnt das, was wir „Leben" nennen.

Ab einer weiteren, höheren Stufe „informationeller Komplexität" sprechen wir dann von „Geist". Doch die Entwicklung hält nicht an. Sie schreitet fort und es entstehen irgendwann Informationscluster, die „Bewusstsein" haben, und wieder eine Stufe höher solche, die „Selbstbewusstsein" besitzen. Bei uns Menschen bildet sich so als Summe dieser „Informationellen Cluster" unsere „Persönlichkeit".

Zum Zeitpunkt des Todes einer Person entsprechen sie dann der „Seele".

Alles Informationelle oder Geistige ist dem physikalisch Materiellen gegenüber natürlich polar-symmetrisch zu denken. Nehmen wir als Beispiel das Gehirn eines lebenden Menschen: Grundsätzlich gibt es die Möglichkeit einer „unendlichen" Ansammlung von Information (oder Geist) auf allerdings durch das Gehirn begrenztem Raum.

Auch ist eine solche Ansammlung nur in begrenzter, also endlicher Zeit möglich (innerhalb des Lebens der Person „im Hier und Jetzt").

Erneut übertragen wird das hier symbolisiert durch die jeweiligen *Kehrwerte der beiden Zahlenreihen*, wobei die negativen Zahlen für das „Informationelle" oder „Geistige" stehen, die positiven Zahlen für das „Materielle", also das „physikalisch Körperliche".

Die Zahlen -1, bzw. +1 symbolisieren *hier* die Schnittstelle „Tod".

Sie weisen uns daraufhin, dass es danach offenbar weitergeht, für die Betroffenen ohne Zäsur. Das „Informationelle", das ja auch jedem „Stofflichen" oder "Materiellen" prinzipiell zugrunde liegt, strebt jetzt unbegrenzt und unendlich weiter.

Dazu hat es eine Art *„fein-stoffliches"* Pendant. Jedes Leben, das auf der „materiellen Seite" infolge der ausreichend fortgeschrittenen, geistigen oder informationellen Clusterbildung einmal begonnen hat, geht nun also in neuer und anderer Form weiter.

Nahtoderfahrungen (NTE) zeigen ja, dass sich die Betroffenen auch in ihrer besonderen, neuen Situation als „körperlich intakt" fühlen, obwohl ihr „bisheriger – materieller – Körper" gerade am Unfallort oder auf einem OP-Tisch reanimiert wird.

Das scheint mir ein sehr deutlicher Hinweis darauf zu sein, dass es wohl tatsächlich mit einer Art „feinstofflichem Körper" auf anderer Ebene weitergeht. Dieser kann jetzt mit unseren „grobstofflichen, physikalischen Sinnesorganen" oder mit materiellen Instrumenten nicht mehr wahrgenommen werden. Hier scheint der an und für sich esoterische Ausdruck „feinstofflich" gut zu passen.

Im Moment des Todes (*hier* symbolisiert als Schnittstelle „1") hat der „informationelle Teil" (-1) einer Person, oder anders formuliert, seine Persönlichkeit, das Höchstmaß an Komplexität erreicht.

Seine Existenz setzt sich nun in einem sinnlich nicht mehr wahrnehmbaren „feinstofflichen Körper" (+1) fort.

Der Mensch neigt dazu, zu polarisieren. Wenn man in Diskussionen gefragt wird, wie geht es denn nach dem Tod weiter, so versteht es kaum einer, wenn man antwortet, ich weiß zwar nicht genau „wie", aber es geht weiter.

Und man kommt auch nicht hierhin zurück, wie viele es sich in manchen Religionen und in der Esoterik vorstellen: Man wird also nicht „fleischlich reinkarniert". Oft kommen dann ihre Anhänger mit vielen Argumenten: Es gäbe authentische Wiedererkennungen von Umgebungen und Familien bei angeblich so vielen Kindern, exakte Sichtungen oder gar das Sprechen fremder Sprachen während so genannter Regressionshypnosen. Das seien doch wohl Beweise genug. Sie wollen dann nicht verstehen, dass ich nicht an manchen der Phänomene zweifle, doch ihre Deutungen für falsch halte. Alles lässt sich auch auf Basis elementar-mathematischer Logik erklären.

Die Welt, in der wir im „Hier und Jetzt" leben, ist nicht nur die eine, die materielle Welt, sondern schon von Anfang auch die „andere", informationelle und geistige Welt. Dass wir überhaupt leben und denken können, dass wir dadurch Kontinuität erleben und die sich für uns in Raum und Zeit fortsetzt, ist ein klarer Beweis dafür.

All das gibt es in der physikalischen, materiellen Welt nicht.

Es gibt sie also, die vielen parallelen Welten, so wie es uns einmal mehr die Mathematik nahelegt. Nur sind sie anders, als von vielen Kosmologen und Science Fiktion Autoren immer angenommen.

So wie sich im Yin und Yang-Symbol (vgl. Abb. 1 und 8) die schwarze und die weiße Flamme in einem Kreis gegenüberstehen und sich „gegenseitig inspirieren", so lässt sich das genauso auch auf die manifestierte Evolution von allem in der Welt übertragen.

Nur wird dann aus dem Kreis, dem Symbol für den Ursprung der Evolution mit der Perfektion in der Einheit, ein sich schon bald abzeichnendes Quadrat, als neue Perfektion in der Vielheit (vgl. mein Gedankenspiel mit Abb. 2).

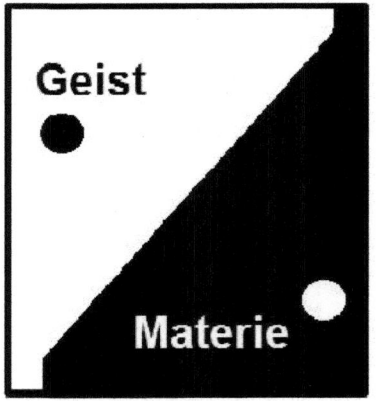

Legt man das nun als Symbol der Evolution zugrunde, dann werden aus den beiden Flammen „Geist" und „Materie" Synonyme für „Informationelle" (Geist) und „Materielle Welt" (Materie). Und mit jedem Schritt des eigentlichen Lebens, so etwa von der Zeugung bis zur Geburt, dann

Abb. 14: Evolutionsprinzip, analog zu Yin & Yang in der Chines. Philosophie

neu von der Geburt bis zum sogenannten Tod, und noch viele „linear aufwärts" strebende Leben fort, nimmt der uns allen inne wohnende „informationelle" oder „geistige" Anteil stetig zu und der „materielle" ab, bzw. wird „feinstofflicher" *(Abb. 14)*. Hierzu passt auch gut die Aufwärtsentwicklung der Riemannspirale (vgl. Abb. 11).

Dadurch wird er aber aus „grobstofflicher" Sicht auch unsichtbar; denn womit sollten wir ihn sinnlich wahrnehmen können?

Dennoch können wir ihn durchaus *erfahren*, manche besser und manche schlechter. Das aber gehört dann in den Bereich von ABE, den *„Außergewöhnlichen Bewusstseinserfahrungen"*. Nur muss man sie dann auch zulassen. Die meisten Menschen tun genau das nicht.

Der Tod ist eben nur eine Schnittstelle, die sich mit elementarer mathematischer Logik herleiten lässt. Da aber dieselbe Logik ganz offenbar überall und im ganzen Universum alles Wichtige zu regeln scheint, dürfte diese Analogie sehr gut passen. Immerhin umfasst, beinhaltet und erklärt sie damit auch sehr viele Phänomene, die von den traditionellen Naturwissenschaften abgelehnt werden, so unter anderem auch die Phänomene, die mit Reinkarnation in Verbindung gebracht werden und zu ihrer Beweisführung beitragen sollen.

Die Welt, die uns nach dem Tod erwartet, ist mit unseren Worten schon deshalb kaum zu beschreiben, weil man dafür gar keine hat. Genausowenig könnte ein Embryo – wäre er dazu theoretisch in der Lage – vor seiner Geburt etwas darüber berichten, was ihn danach erwartet. Nur, diese andere und neue Welt ist deshalb noch lange keine rein „geistige Welt" oder reine „Informationswelt" ohne jeden „materiellen Anteil". Allerdings ist diese halt „feinstofflicher" als das, was wir bis dahin kannten und gewohnt sind (vgl. wieder Abb. 11). Bilder von bloß herumschwebenden „Engeln im weißen Gewand und ohne jede Substanz" dürften genauso falsch sein. Wir erleben uns weiter als intakte und vollständige Person mit allen Attributen unserer Persönlichkeit, die bis zu diesem Moment, den wir „Tod" nennen, herangereift ist. Das beinhaltet alle guten und auch alle schlechten Seiten unserer Persönlichkeit. Die guten werden uns im weiteren Verlauf auch zugute kommen und uns helfen. Für die schlechten werden wir einstehen müssen. Und wenn sie dazu geführt haben, dass wir anderen Menschen im „Hier und Jetzt" großes Unrecht angetan oder ihnen Schaden zugefügt haben, wird das in jedem Einzelfall abzubüßen sein, sofern es nicht schon hier erfolgt war und man Vergebung erlangt hat. Um Vergebung muss man also dann jeden ersuchen. Und man wird sie auch irgendwann bekommen, da zu vergeben und um Vergebung zu bitten essenzielle Voraussetzungen für das eigene Weiterkommen sind – für jeden.

„*Außergewöhnliche Bewusstseinserfahrungen (ABE)*", darunter vor allem NTE, deuten darauf immer wieder mit einigen Inhalten hin. Zahlreiche Menschen berichten davon seit Alters her und bezeugen sie manchmal sogar trotz Androhung von Folter und Tod.

ABE (und besonders NTE) scheinen mir auch die Basis und zugleich das Rankgitter für sehr viele Legenden und Mythen, aber letztlich wohl auch für alle Religionen zu sein.

Damit geben die von mir seit meinem ersten Buch im Jahr 1999 immer wieder vorgebrachten und instrumentalisierten Grundlagen elementarer mathematischer Logik und ihrer geometrischen Grund-Formen, die von jedem Rechensystem völlig unabhängig sind, einen hervorragenden *„Roten Faden"* ab.

So lässt sich in jeder Situation und bei jeder Gelegenheit abwägen, was denn wohl sein könnte und was vermutlich eher nicht, bzw. auch, wie es wohl sein dürfte und wie eher nicht, und wenn es so sein könnte, dann auch, warum.

Was scheint wann und wie zu erwarten sein?

Die nachfolgende Abbildung gibt eine zunächst gute Übersicht:

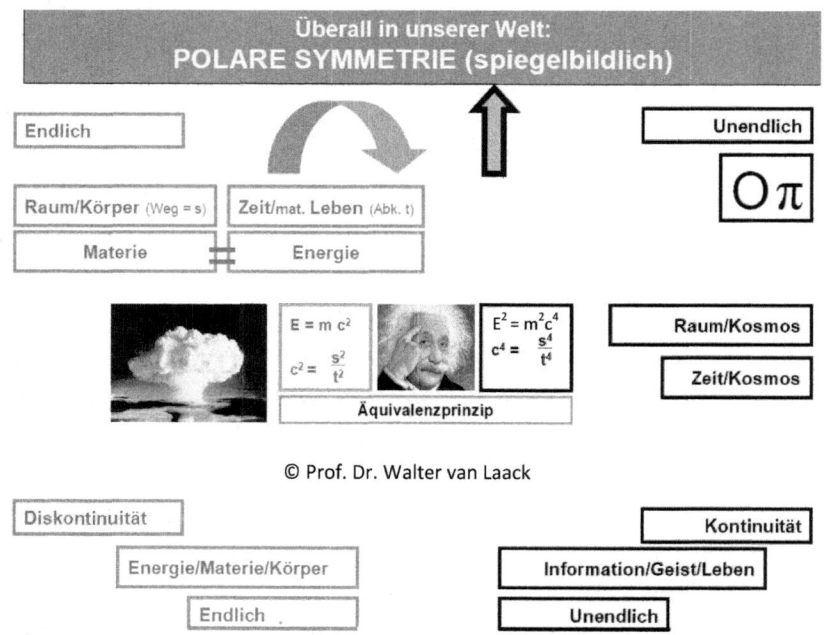

© Prof. Dr. Walter van Laack

Abb. 15: Polare Symmetrie Überall, weitere Erläuterungen im nachfolgenden Text

Es gibt zwei polar-symmetrische, also spiegelbildliche und zugleich gegensätzliche Seiten in dieser Welt. Sie sind aber nicht getrennt zu denken, sondern sie beeinflussen sich gegenseitig und gehen zum Teil ineinander über (vgl. Abb. 14).

Dabei wird im Laufe gigantischer Zeiträume der Evolution des ganzen Universums der „informationelle" Teil immer ausgeprägter und dominanter. Der materielle, physikalische Teil des Ganzen tritt dagegen mehr und mehr in den Hintergrund. Ohnehin ist alles Physikalische, alles Materielle vor allem Mittel zum Zweck:

Es dient langfristig der Evolution des Informationellen, folglich also von allem Geistigen.

In unserer „aktuellen Welt" oder, wie ich es gerne nenne, im „Hier und Jetzt", ist der „materielle Teil" der Welt noch sehr dominant.

Informationelle Anteile zeigen sich nur, wenn man sich ihnen mit dem eigenen Geist – oder der *Vernunft nach Kant* – nähert.

Dann erkennt man auch die *Realität von Unendlichkeit*, die es in der Physik nicht gibt, somit also auch keinen unendlichen Raum, der aber schon nach *Albert Einstein* unser Universum real beschreibt.

Und man erkennt, dass wir zwar *kontinuierlich* leben und die Zeit *für uns kontinuierlich* vergeht. Beides kann aber auch *keine* Erscheinung der Physikalischen Welt sein; denn sie ist ja ausschließlich die Welt des *Diskontinuierlichen und so des Gequantelten*.

Die Physik kennt durch Albert Einstein das *Äquivalentsprinzip*: Materie und Energie sind zwei Seiten derselben Medaille und somit „äquivalent". Das heißt, sie lassen sich ineinander überführen.

Die Atombombe hat leider bewiesen, dass aus wenig Materie sehr viel Energie entsteht. Von Einsteins berühmter Gleichung (s. Abb. 15) hat heute fast jeder schon einmal gehört. Doch hier ist mit der *Masse „m"* die Ruhemasse gemeint, zum Beispiel von Atomen. Nur gibt es sie in der Praxis? Nein, sie gibt es nicht. Das ist reine Theorie.

In der Praxis ist das Universum immer dynamisch, so auch alle Teilchen in ihm. Für dynamische Prozesse muss auch die Einstein-Gleichung „dynamisiert" werden. Das heißt in der Mathematik: Man muss sie quadrieren. Damit entsteht eine neue Gleichung, die sich auch in Abb. 15, nur rechts von der bekannten, findet. Kleinste Teilchen wie Photonen sind aber selbst auch wieder *Schnittstellen* zwischen den beiden Welten „Materie" und „Information"; denn sie haben keine Ruhemasse. In der rechten Gleichung von Abb. 15 für das dynamische Universum steht die *Lichtgeschwindigkeit „c"* jetzt in vierter Potenz. Geschwindigkeit ist physikalisch *„Weg dividiert durch Zeit"*. Beides steht daher nun in vierter Potenz. Das weist uns unmissverständlich darauf hin, dass unsere Vorstellung von einer vierdimensionalen Raumzeit falsch sein muss. Einsteins Gleichung ist korrekt, ein paar Interpretationen sind damit aber wohl falsch.

Bereits *Peter Plichta* hatte wie schon erwähnt in den 1990er Jahren einen *real existierenden, vierdimensionalen Raum* vorgeschlagen und sah ihn als zwei ineinander greifende, unendliche Flächen. Ich hatte seinen Vorschlag schon in meinem ersten Buch 1999 dankbar aufgegriffen. Noch im Jahr 1999 habe ich dann *als Erster* ein ganz neues Gedankenmodell und mehrere neue mathematische Ansätze entwickelt und seither in zahlreichen Büchern erläutert.

Sie bilden in sich schlüssige Analogien für die Entstehung unser Welt und sämtliche weiteren Entwicklungen (Abb. 2, 10 und 15 bis 19).

Die Vorstellung eines *realen 4D-Raums* entspräche genau dem, was man tatsächlich sieht, egal wohin und wie weit man auch schaut: Überall ist der kosmische Raum flach und eben oder, wie man auch sagt, plan bzw. euklidisch[35], also wohl nicht gekrümmt.

Dass kleinste Teilchen – wie Photonen des Lichts – mithilfe starker Anziehungskräfte großer Objekte wie die Sonne „gebogen" werden können, beruht einfach auf der Tatsache, dass *Gravitation und Licht zwei polar-symmetrische Wirkungen zueinander* sind, nicht aber auf einer vermeintlichen Raumkrümmung. Das Phänomen stimmt, die landläufige Interpretation scheint einmal mehr falsch zu sein.

Zu einem *echten* vierdimensionalen Raum kommt man im Übrigen auch, wenn man mein Gedankenmodell (s. Abb. 2 sowie zahlreiche ausführliche Darstellungen in einigen meiner Bücher) bloß einmal

---

[35] nach Euklid von Alexandria, griech. Mathematiker, vermutlich 3. Jhd. v.Chr.

logisch fortsetzt: Es zeigt ja eine Entwicklung, die von *einem* Kreis (K1) ausgeht, dessen Umfang und Fläche *Unendlichkeit* beinhalten. Durch drei *informationelle Koordinaten* aus einer „Informationellen Welt" ist er *eindeutig festgelegt*. Schon nach wenigen Schritten kommt man zu *vier* Kreisen (K1-K4). Damit wird die *zweite Ebene*, die Fläche, erschlossen (von Abb. 2 zu Abb. 16):

Ausgehend von einer *Einheit* (dem Kreis K1, mit „inkorporierter Unendlichkeit") kommt man mit dem Quadrat (Q), das nur Endlichkeiten aufweist, zu einer ersten neuen Perfektion in der *Vielheit*. Der Weg dahin ist allein durch logisches Vorgehen bestimmt. Auf dem Weg dahin findet man entscheidende Eckpunkte und Maßzahlen dieser Welt (Abb. 16).

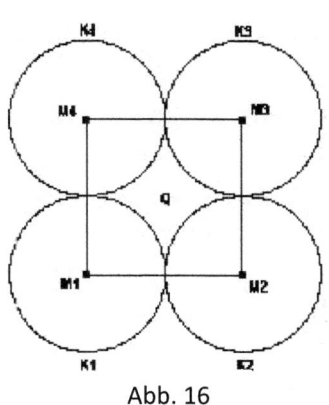

Abb. 16

Was ist also nun logisch weiter zu tun? Man muss jetzt die Fläche aufrichten, um als Nächstes auch den *Raum* zu erschließen. Damit erhält man nun *zwei* durch die Ordnungszahlen gesteuerte *Flächen*, hier skizziert durch Zahlenkreise mit nach außen gerichteten Pfeilen (Abb. 17). Beide Flächen stehen senkrecht zueinander.

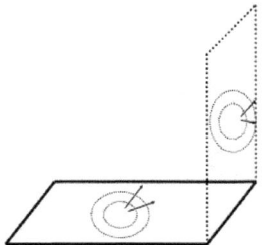

Abb. 17:

Sie durchdringen sich dann nach der Formel x^2y^2 unendlich und bilden so einen flachen, ebenen oder euklidischen Raum, den unseres wirklichen Universums. Er ist unendlich (Abb. 18).:

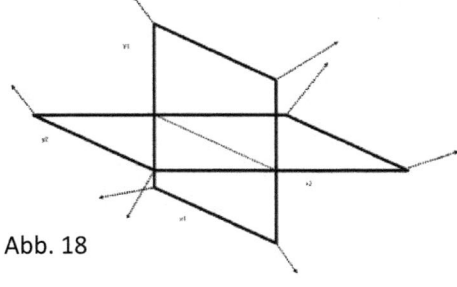

Abb. 18

103

Die Zeit (t) muss – genauso wie der Raum, der mit der Einheit für den Weg (s) in der dynamisierten Einstein-Gleichung nun in vierter Potenz vorliegt (Abb. 15) – natürlich auch in *vierter Potenz* existieren und folglich selbst vierdimensional sein.
Dies hatte ich bereits wiederholt in anderen Büchern thematisiert. An dieser Stelle würde das jedoch zu weit führen, so dass ich um Nachsicht bitte und auf frühere Bücher von mir verweise.

Es ist der Geist dieser Welt, der offensichtlich aufgebrochen ist, um zur größtmöglichen Perfektion in maximaler Vielfalt zu streben.
Oder, wie sagte es einmal so schön der französische Theologe und Philosoph *Teilhard de Chardin (1881-1955)*: *„Sind wir nicht alle zusammen ein Gott im Werden?"*
Ich glaube, er hat Recht.

Entscheidend bleibt daher auch, immer wieder darauf hinzuweisen, dass die Entwicklung der Welt nicht auf Kollektivismus abzielt, wie es manche Zeitgenossen aktuell wieder einmal gerne zum Sinnbild ihrer gesellschaftlichen Vorstellungen erheben. Damit versündigen sie sich einmal mehr an der Menschheit, vielleicht sogar erneut für Jahre oder gar Jahrzehnte, weil sie nicht willens oder in der Lage zu sein scheinen, den Kern des Ganzen zu begreifen.

Die Welt strebt nach höchster Perfektion in größter Vielfalt.
Ohne Wenn und Aber baut sie dabei auf Individualität.
Allein der Einzelne ist maßgeblich. Nur dann, wenn jeder Einzelne zu diesem Wachstum verhilft und bereit ist, seinen Nächsten dazu mit ins Boot zu nehmen, dann kann und wird sich irgendwann einmal auch höchste Perfektion erzielen lassen.
Wenn man selbst schon auf einer höheren Stufe informationellen Wachstums steht, darf man den Schwächeren nicht von oben herab behandeln und ausgrenzen. *Man muss ihn mitnehmen.* Das aktuell verbreitete „Elitedenken" so mancher Zeitgenossen wird ihnen zumindest „dereinst" noch ungemein viel Ärger bereiten, sollten sie nicht schon im „Hier und Jetzt" im Geist und im Handeln umkehren.

Für sie sollte das Wort des Evangelisten *und* Apostels *Matthäus (19.30)* eine Warnung sein: „...die Letzten werden die Ersten sein..."
– und umgekehrt.

Alles fügt sich wunderbar zusammen

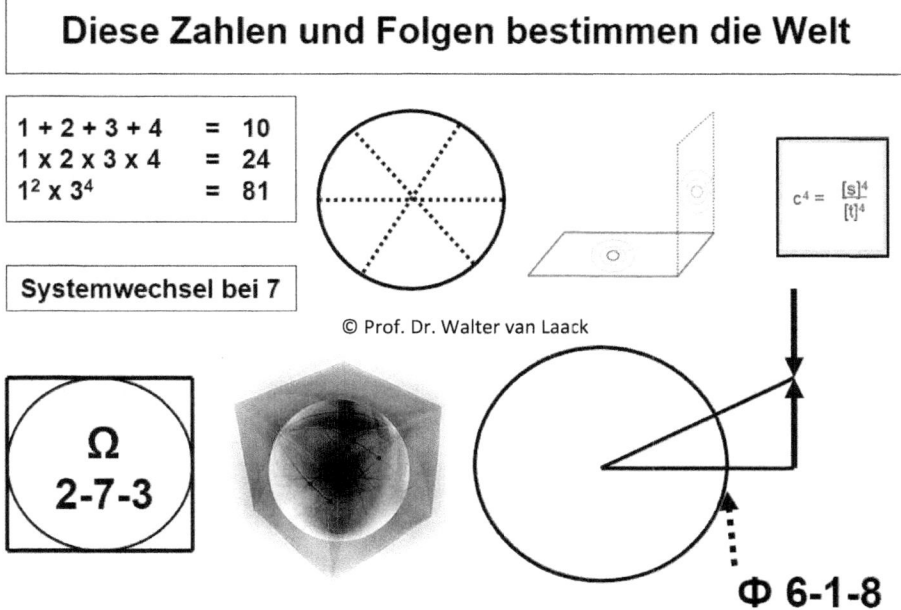

Abb. 19: Diese Zahlen und Folgen bestimmen die Welt. Siehe nachfolgenden Text.

Fast alle Zahlenzusammenhänge aus der vorstehenden Grafik (Abb. 19) habe ich bereits erläutert. Aus purer Information im Sinne von Raumkoordinaten entstand der kleinste *endliche Punkt, ein Kreis* als zugleich kleinste „materielle" Form, bzw. physikalische *Einheit*.
Mit diesem Ausgangskreis ließen sich über ein genial einfaches Gedankenmodell schon nach wenigen Schritten alle wichtigen Basis-Geometrien unserer Welt entwickeln, bis hin zu einer ersten neuen Perfektion in der *Vielheit*, dem Quadrat. Mit ihm schloss sich eine Zahlenstrukturierung über die ersten vier Ordnungszahlen. Da sich

ein Kreis bis zur Zahl 6 durch natürliche Zahlen und Brüche gliedern lässt, beinhaltet er auch schon am Anfang 6 gleichseitige Dreiecke.

Da das Quadrat als erste Perfektion in der neuen Vielheit über die Mittelpunkte der nun auf vier vermehrten Ausgangskreise entsteht, ergibt sich über 4 x 6 zugleich die Strukturzahl 24.

Sie wiederum ist auch das Produkt der sie bildenden ersten 4 Ordnungszahlen, also 1 x 2 x 3 x 4 = 24.

Da bei einer Teilung durch 7 keine Darstellung mehr mit natürlichen Zahlen (Ordnungszahlen) möglich ist, bildet die Zahl 7 eine Zäsur.

Im Großen wie im Kleinen lässt sich in dieser Welt alles über 10^7, also der Summe der ersten 4 Ordnungszahlen mit 7 potenziert, in ganz neuer Form finden. Dazwischen ist überwiegend „Leere".

Die Zäsurzahl 7 deutet in der physikalischen Welt wohl immer einen Systemwechsel an. Geht man von 10^0 Metern aus, also von 1 m, dann schauen wir bei 10^7 Metern auf die Erde, bei $10^{2\times7}$ Metern auf unser Sonnensystem und bei $10^{3\times7}$ Metern auf unsere Milchstraße. $10^{4\times7}$ Meter kennen wir noch nicht. Das liegt noch weit außerhalb unseres sinnlichen Wahrnehmungsvermögens: Auch die besten Teleskope dieser Welt reichen noch lange nicht so weit.

Geht man ins „Kleine", so gelangen wir zunächst zu 10^{-7} Metern und schauen auf unsere Chromosomen und ihre Gene. Bei $10^{-2\times7}$ Metern schauen wir bereits auf die Atomkerne mit ihren Kernteilchen. Und dann ist auch hier für uns erst einmal Schluss. Das heißt natürlich nicht, dass wir nicht noch (theoretisch) unendlich viel weiterblicken könnten. Doch würden wir dann auch wieder bloß endlich viele und weitere endlich kleine Teilchen mit dazu erforderlichen technischen Erweiterungen und neuen Erfindungen sinnlich wahrnehmen.[36]

Andere wichtige Aspekte meiner vorstehenden Abbildung, wie zum Beispiel die notwendige Dynamisierung der Einstein-Formel, um das Wahre in dieser Welt entdecken zu können, die wichtigen Zahlen-Folgen 6-1-8 des „Goldenen Schnitts ϕ", bzw. 2-7-3 für die von mir

---

[36] Siehe dazu auch das wundervolle „Bilderbuch" von P. Morrison und P. Morrison, „Zehn hoch – Dimensionen zwischen Quarks und Galaxien" (1994)

so benannte „Grenze des (physikalisch) Machbaren Ω", habe ich schon vertieft. Zusammen führt das zwingend zu dem Schluss, dass allem Materiellen in unserer Welt eine Information innewohnt, die sich genauso entwickelt wie der äußere materielle Anteil, also auch einer eigenen Evolution unterliegt. Jedoch kommt es irgendwann zu dem Punkt, wo sich die informationelle Evolution von der Evolution des Materiellen abhebt. Sie verläuft bald schneller, was irgendwann zu einer eklatanten und sichtbaren Divergenz, sowohl qualitativ als auch quantitativ, führt.

In diesem Zusammenhang möchte ich daher zunächst noch einmal kurz auf die *ersten vier Ordnungszahlen* eingehen. Offensichtlich besitzen sie eine enorm wichtige und bestimmende Funktion:

Man sollte akzeptieren, dass die Welt im Dezimalsystem „rechnet". In Laufe der Menschheitsgeschichte haben das 16 von 20 großen Kulturen aus praktischen Erwägungen heraus für sich übernommen. Die Zahl 10 ergibt sich als Summe aus den ersten vier Ordnungszahlen, also $1 + 2 + 3 + 4 = 10$.
Moderne Kulturen, die dem noch nicht gefolgt sind, werden allein deshalb womöglich unsere Welt nicht richtig erkennen können; denn sie sehen so vielleicht den Wald vor lauter Bäumen nicht.
In zahlreichen Religionen und Mythen scheint, wie im Übrigen auch in der Physik, die Zahl 24 eine wichtige Rolle einzunehmen. Sie ist das Produkt der ersten vier Ordnungszahlen: $1 \times 2 \times 3 \times 4 = 24$.
Wie ich schon erwähnt habe, ergibt sie sich auch über die jeweils 6 gleichseitigen Dreiecke in den ersten vier Kreisen (K1-4) in meinem Gedankenmodell. Sie ist die strukturierende Zahl dieser Kreise.
Nach der Gleichung $6n\pm1$ folgen alle Primzahlen, die ja nur durch 1 und sich selbst teilbar sind. Dabei steht „n" für alle durchlaufenden Ordnungszahlen. Bei $n = 4$ ergibt sich 24. Sie ist die erste Zahl, um die herum kein *Primzahlzwilling* existiert. Mit wachsendem „n" werden diese schnell immer seltener. Bis zur 18 (für $n = 3$) gibt es sie immer (Um $n = 1$, also 6, liegen die Primzahlen 5 und 7; Um $n = 2$, also 12, die Primzahlen 11 und 13; Und um $n = 3$, also 18, liegen

die beiden Primzahlen 17 und 19. Das nennt man Primzahlzwillinge. Die Zahl n = 4 als letzte der ersten vier Ordnungszahlen beendet nun diese Regelmäßigkeit.

Einen ganz wichtigen und konstanten Aspekt scheint die Zahl 24 für die Strukturierung des gesamten universalen Raums zu haben. Sie ist deshalb eine entscheidende „Raumstrukturkonstante".

Schon in früheren Büchern habe ich ausführlich dargestellt und erläutert, dass die „Raumstrukturierung" derselben Logik folgt: So bildet sich über die 4 Ausgangskreise meines Gedankenmodells und der Gliederung jedes Kreises über die Zahl 6 (da sechs gleichseitige Dreiecke) bei zunächst 4 Kreisen (4 x 6 = 24) auch ein *erster* Umkreis um das Ganze. Nach außen hin entstehen weitere Zahlenkreise. Dabei wird die Zahl 24 mit dem Zahlenwert jedes weiteren Kreises multipliziert: Umkreis 2 ergibt 2 x 24 = 48, Umkreis 3 dann 3 x 24 = 72, u.s.w.. So entsteht ein informationeller Raum immer wieder neu um jedes neue „endliche SEIN", also z.B. um jedes neue Stück Materie. Damit wird die Welt dem ihr inne wohnenden Anspruch auf höchstmögliche Perfektion in maximaler Vielfalt erneut gerecht. Das gilt für alles, sowohl für jedes lebende Wesen wie etwa den Menschen, als auch für jedes einzelne neue Atom aller „endlichen Objekte". *Jeder dieser Räume ist rein informationell und unendlich.*

Der informationelle Raum um jeden endlichen Körper wird durch Zahlen codiert und wächst kreisförmig an und immer weiter – so wie Wellen im Wasser, wenn man einen Stein in einen Teich wirft.

Dieser Zahlencode muss dann natürlich auch auf den Grundlagen meines Gedankenmodells aufbauen. Um jedes neue SEIN herum entstehen Zahlenkreise, die über die Zahl 24 strukturiert sind.

In dieser kreisförmigen Entwicklung von unendlichen Räumen, die rein informationeller Natur und somit unendlich sind, spielen auch die Primzahlen eine sehr wichtige Rolle. Leider würde eine noch weiter vertiefende Darstellung all dieser Zusammenhänge einmal mehr den Rahmen dieses Buches sprengen, so dass ich dafür wieder Titel aus meiner nachfolgenden Bücherliste empfehle.[37]

---

[37] … und dazu ganz besonders auch mein Buch „Mit Logik die Welt begreifen" (2005)

Es gibt aber noch eine dritte Zahl, die ebenfalls aus den ersten vier Ordnungszahlen besteht und ganz offensichtlich auch eine sehr große Bedeutung hat: *Es ist die Zahl 81.*

Möchte man sie aus den ersten 4 Ordnungszahlen darstellen, so offenbart sie das ganze Wunder dieser Welt in einem: Sie weist uns unmissverständlich klar darauf hin, dass überall Information im Spiel ist. Die kleinste Informationseinheit ist die Zahl 1.

Bislang wurden zwei Grundrechenarten eingepreist, um auf ganz entscheidende Maßzahlen zu kommen: Die Addition der ersten 4 natürlichen Zahlen ergibt die 10, die Multiplikation dieser 4 Zahlen ergibt die Zahl 24. Die nächst höhere Rechenart ist das Quadrieren. Dessen Umkehrung ist das Wurzelziehen (Radizieren), das ja schon Thema war. Die Zahl 81 ergibt sich zwar schon aus 3^4, also unter Zuhilfenahme von nur zwei der ersten 4 Ordnungszahlen. *Nur damit sieht man wieder den Wald vor lauter Bäumen nicht. Warum?*

Es muss die Zahl 1 eingepreist werden; denn sie ist die Information, die allem „SEIN" anhaftet. Mein Gedankenmodell entsteht durch Zeichnung in einer Fläche, also in zwei Ebenen, mathematisch: xy.

Der offenbar unendliche kosmische Raum scheint, wie erläutert, eine *echte Vierdimensionalität* zu haben: x^2y^2. Die Information „1" für alles SEIN muss also quadriert werden. *Es entsteht: 1^2.*

Folglich findet sich für alle wichtigen und natürlich auftretenden, nicht zerfallenden „Dinge", „Stoffe" oder allgemein, „Substanzen", die Zahl $81 = 1^2 \times 3^4$. Einmal mehr wird auch diese Größe durch die ersten 4 natürlichen Zahlen (Ordnungszahlen) gebildet.

Zwei Beispiele dazu aus Chemie und Biologie

<u>1) Chemie:</u> Im ganzen Universum gibt es genau 81 natürlich vorkommende und nicht zerfallende (nicht radioaktive) Elemente. Auch wenn im traditionell gelehrten Periodensystem die Zahl von 83 Elementen auftaucht: Die Elemente 43 (Technetium) und 61 (Promethium) kommen zwar natürlich vor, sind aber radioaktiv.

2. Biologie: Der genetische Code besteht aus Nukleinsäuren, die als lange Nukleinsäureketten vorliegen. In den Zellkernen gibt es sie als doppelsträngige DNA, gestückelt in Form von Chromosomen.

Man könnte auch sagen, die gesamte DNA, auch *Genom* genannt, entspricht einem vielbändigen Lexikon und jedes Chromosom einem Band. Der Zellkern ist wie ein Tresor und bewahrt den Schatz sicher auf. Außerdem gibt es auch einsträngige Nukleinsäureketten, RNA genannt. Im Rahmen der Corona-Krise macht eine davon, die sogenannte mRNA (messenger-RNA) von sich reden, da sie als Bote zwischen dem Lexikon im Zellkern und den Produktionsstätten für Eiweiße (Proteine), den Baustoffen jedes hier lebenden Körpers, in der Zelle fungiert.

Der genetische Code arbeitet mit 4 Buchstaben A, G, C und T bei der DNA sowie U anstatt T bei der RNA.[38] Sie stehen für 4 Stoffe, Basen genannt. Diese 4 Buchstaben sind immer zu dritt angeordnet. Dabei helfen Zucker und Phosphorsäure. Das Ganze nennt man Nukleotit und in ihrer 3er Anordnung von Basen mit Anhang dann „Triplett" oder Codon. Dies entspricht einem „genetischen Wort".

Aus den Zahlen 4 für die Zahl der genetischen Buchstaben und der Zahl 3 für ihre Anordnung im Triplett konstruierten Biologen schon vor geraumer Zeit einen 4^3-Code: Für sie gäbe es, wie auch die nachfolgende „Code-Sonne" (Abb. 20) zeigt, $4^3 = 64$ Möglichkeiten, die in der Natur vorkommenden 20 essentiellen Aminosäuren (AS) zu Eiweißen (Proteinen) zusammenzubauen. Folglich wäre der Code „hoffnungslos überdimensioniert". Daher spricht man auch von einem „degenerierten Code". Mir lässt so etwas sämtliche noch vorhandenen Haare zu Berge stehen; denn, so meine Erfahrung im ganzen Leben, eigentlich nie ist die Natur degeneriert, sondern bis zur Entdeckung der Wahrheit sind es oft nur die Wissenschaftler...

Das trifft, wie man heute weiß, auf die bis vor ein paar Jahren noch 95% „genetischen Mülls" genauso zu wie auf die Annahme, der genetische Code sei degeneriert: Im zweiten Band „Das Leben"

---

[38] Es handelt sich um die so genannten Basen **A**denin, **G**uanin, **C**ytosin und **T**hymin bei der DNA, bzw. **U**racil bei der RNA.

110

meiner dreibändigen Buchreihe „Eine bessere Geschichte unserer Welt" habe ich schon 2001 *als Erster* überhaupt gezeigt, dass tatsächlich wohl die genaue Umkehrung dieses „genetischen Codes" richtig ist, also *nicht* $4^3 = 64$, *sondern*: $3^4 = 81$.

Jedem wird jetzt klar, dass dann auch an einer Schlüsselposition der Biologie dieselben mathematischen Regeln zu gelten scheinen, wie überall sonst im ganzen Universum. *Aber warum nun 3^4?*

Nein, es ist beileibe keine Willkür, um etwas passend zu machen.

Im Gegenteil, die Vorstellung, dass $3^4 = 81$ die richtige Wahl für den genetischen Code ist, zeigt sich bereits in derselben, altbekannten Codesonne (Abb. 20). Sie wertet den genetischen Code damit sogar um ein Vielfaches auf; er wird nun ein „Platzhaltercode": Jetzt weist er jeder Base, und somit jedem Nukleotid, einen ganz bestimmten Platz in der Reihenfolge der Worte zu, und damit in jedem Kapitel.

Das schützt den genetischen Code in erheblicher Weise vor Schäden durch Zufall, also durch zufällige Mutationen. Jede AS bekommt ihren Platz zugewiesen. Wenn in der Reihenfolge etwas nicht mehr stimmt, fällt das jetzt sofort auf. Zur Erinnerung: Ein Nukleotid transportiert eine Aminosäure (AS), die wie ein Buchstabe in einem Wort dasselbe in einem Gen ist. Dazu ein Beispiel: Ein besonders wichtiges Atmungsenzym ist das *Cytochrom C*. Das Eiweiß (Protein) besteht aus 104 Aminosäuren. Von ihnen könnten sogar bis zu 70 AS ausgetauscht werden, ohne dass es deshalb zu Schäden kommt.

Ähnliches kennt man von einem Sprachexperiment: Versuchen Sie einmal bitte, folgenden Text möglichst fließend zu lesen:

Dinsa Mittaihlunh zeivd, zu wvlchän Lefstunkan unptr Gahibn fäjig ibt. Ehct ksras! Gmäeß eneir Sutide eneir Uvinisterät its es ahcu nchit witihcg, in whecelr Rneflogheie die Bstachuebn in neime Wrot snid.

Richtig heißt es: Diese Mitteilung zeigt, zu welchen Leistungen unser Gehirn fähig ist. Echt krass! Gemäß einer Studie einer Universität ist es auch nicht wichtig, in welcher Reihenfolge die Buchstaben in einem Wort sind.

111

Damit nicht alles durcheinander gerät, gibt der genetische Code die jeweiligen Plätze ganz genau an:
Mit Hilfe von *vier* organischen Basen, die stets zu *dritt* als Codons (Nukleotid-Tripletts) angeordnet sind, lassen sich über den genetischen Code sämtliche 20 Aminosäuren (α-AS), die in biologischen Körpern zu Proteinen zusammengesetzt werden, codieren. Dabei können mehrere Tripletts auch ein und dieselbe AS bestimmen. So werden zum Beispiel 9 AS durch je 2 Tripletts gebunden.

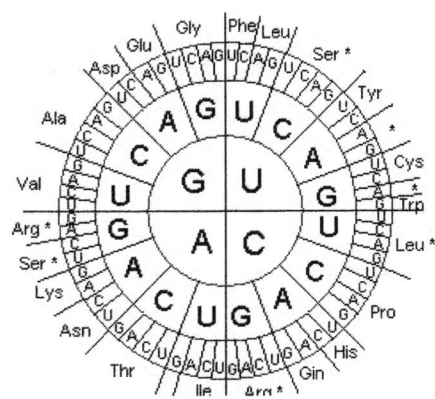

Abb. 20: Genetische „Code-Sonne"

Am Ende gibt es 84 Möglichkeiten. Widerspricht das dann nicht doch dem 3^4-Code für 81 „Sitzplätze"? Nein; denn tatsächlich gibt es 3 „Nonsense-Tripletts". Sie beenden stets einen Lesevorgang und tragen kein AS. Somit verbleiben 81 Tripletts, die eine Aminosäure transportieren, also genau richtig.

Und an dieser Stelle noch etwas: Im genetischen Code gibt es auch immer ein Triplett, das einen Lesevorgang beginnt, das Startcodon. Es hat also eine herausragende Bedeutung. Somit gibt es zwar 81 Plätze, aber *ein Platz* ragt heraus und steht immer am Anfang.

An dieser Stelle daher noch einmal kurz zurück zur *Chemie*: Im ganzen Universum gibt es 81 chemische Elemente, die stabil sind und natürlich vorkommen. *Ein* Element ragt besonders heraus: Es ist das erste, der *Wasserstoff H*. Es ist das am weitesten verbreitete Element im ganzen Kosmos.

Die Mathematik liefert uns einen Beweis für den ganz subtilen, nur auf *informationeller Ebene* stattfindenden „Dualismus" zwischen den beiden Welten, „Informationelle" und „Materielle" Welt.
Immanuel Kant sagte einmal: *„Die ganze Natur ist eigentlich nichts anderes als ein Zusammenhang von Erscheinungen nach Regeln."*

112

Endloses Bewusstsein?

Vor kurzem wurde ich am Ende eines längeren Video-Interviews von der Redakteurin gefragt, ob alles vielleicht *„endloses Bewusstsein"* sei.[39] Auf diesen Begriff schien sie gestoßen zu sein, weil der Kollege *van Lommel 2008* aus den Niederlanden sein Buch so benannt hat und es bislang auch in mehreren Sprachen gut vermarkten konnte. Tatsächlich aber habe ich diese Vorstellung schon längst viel früher – in meinen beiden ersten Büchern im Jahr 1999 – sehr ausführlich hergeleitet, dargestellt und erläutert. Das zweite Buch ist dann kurz später im Jahr 2000 auch in englischer Sprache erschienen.[40]

Ja, Bewusstsein ist endlos. Und nicht nur das. Es ist auch ewig.
Aber nicht alles, was endlos und ewig ist, ist auch Bewusstsein.
Das ist momentan eher eine verbreitete esoterische Annahme.
Wie Sie nach Lesen dieses Buches spätestens jetzt wissen, sind „Unendlichkeit" und „Ewigkeit" *Eigenschaften von „Information"*, nicht aber von Materie. Sie sind keine physikalischen Begriffe.

Vor allem nach esoterischen Vorstellungen kommt alles Leben aus einem „endlosen Bewusstsein" und kehrt dorthin wieder zurück.
Gerne baut man dabei auf dem aktuell sehr zeitgeistfreundlichen Ansatz eines kollektivistischen Denkens auf: Demnach sei unsere Individualität schon im „Hier und Jetzt" reine Illusion, und nach unserem Tod löse sie sich dann ganz auf. Nur eine Art Essenz davon bliebe fortan als (kollektive) Seele erhalten. Schließlich existiere sie weiter wie ein Tropfen im Wasser innerhalb eines unteilbaren und unauflöslichen Ganzen. Wenn nicht bereits sofort, dann doch bald, sei sie ohne jede Erinnerung oder Verbindung an das frühere Leben im, wie ich es immer wieder nenne, „Hier und Jetzt".
Das große Vergessen sei also angesagt.

---

[39] Video-Interview durch BILD am 05.03.2021
[40] „Plädoyer für ein Leben nach dem Tod und eine etwas andere Sicht der Welt" (1999) sowie „Der Schlüssel zur Ewigkeit" (1999), engl.: „Key To Eternity" (2000). Das englische Buch ist seither auch ohne Unterbrechung im internationalen Vertrieb erhältlich

Der „Reinkarnationsgläubige"[41] sieht die verstorbene „Seele" – meist dann schon ohne Erinnerung an das bisherige Leben und nach einer gewissen Zeit „in Wartestellung" – auf dem Weg in einen neuen fleischlichen Körper, manche von ihnen immer in einen menschlichen, andere aber auch in den anderer Lebensformen.

Ich halte das alles für Mythen, Religionen und Pseudoreligionen oder für Esoterik – so wie man gerne möchte – *aber nicht für wahr.*

Natürlich gibt es zwischen all diesen Gruppen auch Unterschiede und Widersprüche. Viele lehnen solche Vorstellungen auch ganz ab. Deshalb komme ich erst noch einmal zurück auf das eben Gesagte:

Zwar ist Bewusstsein endlos und ewig, dennoch muss es erst einmal irgendwann entstanden sein. *Es war nicht schon immer da.*

Nach den hier skizzierten elementar-mathematischen Regeln und Gesetzmäßigkeiten entsteht „Information" – durch die negativen Zahlen repräsentiert – auch erst einmal aus „i".

Bewusstsein ist auch kein statisches Produkt – und noch weniger ist es ein kollektives. *Bewusstsein ist eine rein individuelle und bereits fortgeschrittene Entwicklungsstufe von Information.*

Ist irgendwann jedoch Bewusstsein entstanden, wird es sich auch unaufhörlich fortentwickeln.

Bewusstsein ist stets eine Eigenschaft eines bereits hochkomplexen – wie ich es nenne – „Informationsclusters".

Bewusstsein ist in diesem Universum also immer eine Eigenschaft eines bereits höher entwickelten lebenden Wesens.

Andere physikalische Entitäten besitzen zwar sicher „Information", aber deshalb haben sie noch lange kein Bewusstsein.

Leben ist eine für das Entstehen von Bewusstsein notwendige Grundvoraussetzung. Wie ich bereits dargelegt habe, ist Leben selbst eine Eigenschaft des „informationellen Teils der Welt".

Die Entwicklungsstufe „Leben" geht also der Stufe „Bewusstsein" voraus. *Nur was lebt, kann auch Bewusstsein entfalten.*

---

[41] Auch wenn der Wiedergeburtsglaube auf späte hinduistische Schriften zurückgeht, so stammt der Begriff „Reinkarnation" erst aus dem Jahr 1857 und wurde geprägt von dem französischen Spiritisten Allan Kardec (1804-1869)

Dann aber sollte der Tod doch Bewusstsein beenden? *Mitnichten!* Denn das, was wir „Tod" nennen, ist kein Ende fortgeschrittener geistiger oder ganz allgemein, informationeller Komplexität.
Die Eigenschaft von lebenden Wesen, Bewusstsein zu entwickeln, bleibt auch nach dem Tod in der bis dahin *individuell* entstandenen und entwickelten Form erhalten. Beides ist letztlich „Information".

Den wachsenden „Informationscluster" eines Menschen nennen wir „seine Persönlichkeit" und zum Zeitpunkt des Todes „seine Seele".
Obwohl es sich hierbei um etwas rein Individuelles handelt, ist es dennoch auch Teil eines Ganzen; denn Information ist so wie eine Zahlenfolge teilbar und dennoch zusammenhängend.
Informationen besitzen Kontinuität, die Physik kennt dagegen nur Diskontinuität oder Quantelung.
Wie Kultur zwar einen kollektiven Entwicklungsstand repräsentiert, so kann sie sich nur deshalb bis dahin entwickelt haben und sich dann erfolgreich weiter entwickeln, wenn sich ihre *Individuen* auf möglichst breiter Basis – und im günstigsten Fall sogar alle – selbst weiter entwickeln. *Nur dann steigt auch der kulturelle Grad.*
Das sehen viele anders und leider zumeist durch ideologische Brillen getrübt. *Doch sie liegen falsch*, und im Ergebnis schaden sie den ihnen freiwillig folgenden oder anvertrauten, und erst recht leider den von ihnen unterjochten, Mitmenschen – oft nachhaltig und auf sehr lange Zeit. Sie alle werden es jedoch einmal sehr bereuen.

Wie ich schon sagte, ist Bewusstsein eine höhere Eigenschaft der ersten real erfahrbaren Welt, der „informationellen Welt".
Ordnungszahlen und einfache geometrische Formen sind auch ihre Basis und bilden den Rahmen – oder das informationelle Gerüst – für die sich mit ihr und aus ihr bildende physikalische Welt.
Selbstbewusstsein ist schon wieder eine kleine Stufe höher als „nur" Bewusstsein, und Leben ist die Voraussetzung, diese beide höheren Eigenschaften überhaupt erst zu entwickeln. Ein lebloser Stein wird niemals Bewusstsein haben – aber er steckt voller Informationen.

Alle Formen von Bewusstsein sind jedoch selbst nur Stufen einer ganz anderen Evolution als die, die wir allein zu kennen glauben.

Es ist eine Evolution, welche die meisten bislang wohl ohne Zweifel übersehen oder gar nicht erst in Betracht gezogen haben: Alle Formen von Bewusstsein sind Stufen einer Evolution des Geistigen oder allgemein, des „Informationellen".

Die Evolution des Geistigen ist – aus unserer Sicht – endlos und ewig.
Alle Eigenschaften, die auf diesem Weg neu entstehen und sich dann fortentwickeln, sind zugleich auf ewig abwärtskompatibel und bleiben natürlich auch immer erhalten, aber nicht nur, wie in der Physik, als kleinste unteilbare, diskontinuierliche Teilchen.

Nein, sie bleiben stets erhalten sowohl in ihrer Kontinuität, als auch der erreichten Komplexität.

Insofern ist auch Bewusstsein natürlich endlos, aber nur ein Teil des Ganzen. Und, wie schon gesagt, nicht alles Endlose ist Bewusstsein.

Die Evolution des Geistigen oder allgemein, der „Informationellen Welt" ist das eigentliche und dazu braucht die Welt die materielle Seite als Mittel zum Zweck.

Auch das findet sich analog in der *Riemann-Spirale* (Abb. 11) wieder, benannt nach dem deutschen Mathematiker *Bernhard Riemann (1826-1866)*.

Mit steter Hilfe der „materiellen Seite" erschafft und strukturiert sich das Eigentliche dieser Welt, die „Informationelle Seite", laufend neu und treibt ihre Entwicklung unaufhörlich und *linear* aufwärts voran – zu immer größerer Perfektion in immer höherer Vielfalt.

Alles zusammen scheint eben, wie es *Teilhard de Chardin* einmal so wunderschön gesagt hat, „ein Gott im Werden" zu sein.

Es liegt allein an uns, diese Entwicklung mit ganzer Kraft – und so mit Liebe und Verantwortung für uns und unsere Nächsten – im „göttlichen Sinne" erfolgreich zu gestalten. Dann haben wir selbst auf diesem noch sehr langen Weg davon am meisten.

Das sollte jedem Einzelnen bewusst werden.

Aktuelle Bücher von Prof. Dr. Walter van Laack in deutscher Sprache:

1. Roman:
Unser Schlüssel zur Ewigkeit
ISBN 978-3-936624-16-8, Taschenbuch (SC), 316 S. (2015), 18,00 €
ISBN 978-3-936624-27-4, E-Book (2015)

2. Sachbücher

Größer als das ganze Universum
ISBN 978-3-936624-38-0, (SC) 120 S. (2021), 12,00 €

Mit Logik die Welt begreifen
ISBN 978-3-936624-04-5, Taschenbuch (SC), 380 S., (2005), 29,80 €
ISBN 978-3-936624-07-6, Festeinband (HC), 380 S. (2005), 39,80 €
ISBN 978-3-936624-23-6, E-Book (2013)

Wer stirbt, ist nicht tot!
ISBN 978-3-936624-12-0, (SC), 272 S., (Neuauflage 2011), 24,80 €
ISBN 978-3-936624-13-7, (HC), 272 S., (Neuauflage 2011), 35,00 €
ISBN 978-3-936624-21-2, E-Book (2013)

Eine bessere Geschichte unserer Welt
Band 1, "Das Universum"
ISBN 978-3-8311-0345-4, (SC), 196 S. (2000), 15,80 €
Band 2, "Das Leben"
ISBN 978-3-8311-2114-4, (SC), 248 S., (2001), 17,80 €
Band 3, "Der Tod"
ISBN 978-3-8311-3581-3, (SC), 276 S., (2002), 19,80 €

Der Schlüssel zur Ewigkeit
ISBN 978-3-9805239-4-3, (HC), 288 S.,1. Aufl. (1999), 24,80 €
ISBN 978-3-89811-819-4, (SC) , 288 S., 2. Aufl.. (2000), 17,80 €

Plädoyer für ein Leben nach dem Tod und eine etwas andere Sicht der Welt
ISBN 978-3-89811-818-7; (SC), 448 S., 2. Aufl. (1999/2000), 22,90 €

3. „Vorträge & Einsichten"
Weltbilder gestern und heute – Was bleibt und worüber lacht man morgen?
ISBN 978-3-936624-44-1 , Taschenbuch (SC), D, 56 S. (2019)

Sterben und Tod aus wissenschaftlicher Sicht –
Dying and Death from a Scientific Point of View
(„Upside-Down-Buch", Deutsch und Englisch in einem Buch)
ISBN 978-3-36624-41-0, Taschenbuch (SC), D&E, 44 S. (2018) 5,00 €
ISBN 978-3-936624-42-7, E-Book (2018)

4. Tagungsbandreihe „Schnittstelle Tod"
Aufbruch oder Ende, Kontakte oder Hirngespinste?
ISBN 978-3-936624-51-9, Taschenbuch (SC), 164 S. (2020), 15,00 €
Sind Religionen religiös und Wissenschaften wissend?
ISBN 978-3-936624-36-6, Taschenbuch (SC), 172 S. (2018), 15,00 €
Wo stehen wir nach 40 Jahren NTE-Forschung?
ISBN 978-3-936624-30-4, Taschenbuch (SC), 92 S., (2016), 14,00 €
ISBN 978-3-936624-32-8, E-Book (2016)
Was spricht für unser Weiterleben?
ISBN 978-3-936624-19-9, Taschenbuch (SC), 100 S., (2014), 14,00 €
Warum auf ein Danach vertrauen?
ISBN 978-3-936624-14-4, Taschenbuch (SC), 120 S., (2012), 15,00 €
Aufbruch zu neuem Leben?
ISBN 978-3-936624-10-6, Taschenbuch (SC), 148 S., (2010), 19,80 €

Current Books by Prof. Dr. Walter van Laack in English language:

1. Novel:
Our Key To Eternity
ISBN 978-3-936624-18-2 (SC), 308 p. (2016)
ISBN 978-3-936624-31-1, E-Book (2016)

2. Non-fiction Books
Non-Fiction-Book-Series: "Keystones Of Our World"
Vol 1: The Whole World Is Information
ISBN 978-3-936624-33-5 (SC), 68 p. (2016)
ISBN 978-3-936624-34-2, E-Book (2016)

To Perceive The World With Logic
ISBN 978-3-936624-08-3, Softcover (SC), 340 p. (2007)
ISBN 978-3-936624-09-0, E-Book (2008)

Nobody Ever Dies!
ISBN 978-3-936624-03-8, (SC), 272 p. (2005)
ISBN 978-3-936624-22-9, E-Book (2013)

A Better History of Our World
Vol. 1, "The Universe"
ISBN 978-3-8311-1490-0, (SC), 188 p. (2001)
Vol. 2, "Life"
ISBN 978-3-8311-2597-5, (SC), 236 p. (2002)
Vol. 3, "Death"
ISBN 978-3-936624-01-4, (SC), 276 p. (2003)
Key To Eternity
ISBN 978-3-8311-0344-7, (SC), 256 p. (2000)

3. "Lectures & Insights"
World views yesterday and today – What will remain and
what will be laughed at tomorrow?"
("Upside-Down-Book", English & German in one book)
ISBN 978-3-936624-47-2. 56 p. (2020) 5,00 €

Dying and Death from a Scientific Point of View –
Sterben und Tod aus wissenschaftlicher Sicht
(Upside-Down-Book)
ISBN 978-3-936624-41-0, Softcover (SC), 44 p. (2018) 5,00 €
ISBN 978-3-936624-42-7, E-book (2018)

van Laack GmbH, Aachen, Buchverlag
(HRB-Aachen 5584)
Geschäftsführer: Prof. Dr. Walter van Laack

Gesellschafter:
Dr.-Ing. Dipl.-Wirt.-Ing. Alexander van Laack,
Martin van Laack, M.Sc.,
Prof. Dr. med. Walter van Laack

Roermonder Str. 312, 52072 Aachen,
Fax: +49(0)3212-9319310 - Email: webmaster(at)van-Laack.de
Web: www.vanLaack-Buch.de - www.Nahtoderfahrung.info

Vertrieb ausschließlich durch: BoD, Books-on-Demand
In de Tarpen 42, 22848 Norderstedt, Fax +49(0)40-534335-84, Email: info(at)bod.de
Web: www.bod.de